Buch

Wie lebten unsere Vorfahren im Morgengrauen der Zivilisation? Erich von Däniken beweist: Die Steinzeit war ganz anders – als die gängige Evolutionslehre es wahrhaben will. Denn wie hätten technisch unkundige und unwissende Menschen z. B. die über fünftausend Jahre alte Megalith-Anlage in New Grange, Irland, bauen sollen? Jahr für Jahr ereignet sich dort am Tag der Wintersonnenwende ein Wunder. Seit 5134 Jahren. Morgens um 9.58 Uhr bricht ein Sonnenstrahl durch eine 20 Zentimeter lange Öffnung in einem mächtigen Monolithen. Feuerzungen vermischen sich zu einem blendenden Lichtermeer, dann zuckt ein Strahl und wirft eine scharfe Leuchtlinie auf den Boden. Die Lichterschlange kriecht den 24 Meter langen Gang entlang und greift nach kultischen Zeichen auf der Rückwand. Das Lichtbild verbreitet sich zu einem Fächer, der den Kuppelbau mit goldenem Glanz überschüttet.
Kulturdenkmäler wie dieses überziehen, eingefügt in ein unsichtbares Netz, unseren Planeten. Wie war es möglich, daß unsere Vorfahren sie errichteten und über Tausende von Kilometern hinweg auf schnurgeraden Linien plazierten? Däniken belegt: Unsere Ahnen empfingen Signale aus dem All, die sie zu solchen Leistungen befähigten. Damit bestätigt Däniken die moderne ökologische Sichtweise der »Gaia-Theorie«, die feststellt: Die Erde ist kein geschlossenes System, sondern Botschaften führten und führen zu abrupten Veränderungen auf unserem Planeten.

Autor

Erich von Däniken wurde am 14. April 1935 in Zofingen (Schweiz) geboren. 1968 landete er mit seinem Erstling *Erinnerungen an die Zukunft* einen Weltbestseller, dem bisher 16 Titel folgten. Alle Bücher sind in mehreren Sprachen übersetzt, die weltweite Auflage liegt bei über 51 Millionen Exemplaren.

Im Goldmann Verlag ist von Erich Däniken lieferbar:

Der Tag, an dem die Götter kamen (11669)
Die Augen der Sphinx (12339)
Habe ich mich geirrt (8973)
Wir alle sind Kinder der Götter (11684)
Kosmische Spuren (11451)
Neue kosmische Spuren (12355)
Die Spuren der Außerirdischen (12392)

ERICH VON DÄNIKEN

DIE STEINZEIT WAR GANZ ANDERS

GOLDMANN VERLAG

Umwelthinweis:
Alle bedruckten Materialien dieses Taschenbuches
sind chlorfrei und umweltfreundlich.

Der Goldmann Verlag
ist ein Unternehmen der Verlagsgruppe Bertelsmann

Made in Germany · 1. Auflage · 3/93
Genehmigte Taschenbuchausgabe
© 1991 by C. Bertelsmann Verlag GmbH, München
Umschlaggestaltung: Design Team München
Umschlagfoto: Suthmann, München
Druck: Presse-Druck Augsburg
Verlagsnummer: 12438
SD · Herstellung: Stefan Hansen
ISBN 3-442-12438-7

INHALT

Einleitung
Engel Erde 7

1. Kapitel
Symphonie in Stein 13
Realitäten von gestern und übermorgen · Nichts als ein Grab? · Szenenwechsel · Fragen ohne Antworten · Logisch? · Zeitmesser für die Ewigkeit

2. Kapitel
Die Sonne im Schatten 35
Der intelligente Blödmann · Gelebt und nichts dazugelernt · Pseudoargumente · Hokuspokus fidibus · Die Konsequenz · Adieu – alte Theorie · Ideologie kontra Wissenschaft · Ein tolles Ding · Geister gehen um

3. Kapitel
Die Geburt der Technik? 69
Ein neuer Virus – Megalithitis · Unsichere Daten · Ozonloch vor 10 700 Jahren? · Sklaventreiber in Indien · Weltumspannende Fluglizenzen · Plädoyer für das Mögliche

4. Kapitel
Die Zukunft der Archäologie liegt in Trümmern . 95
Die megalithische Hafenstadt · Beweise? · Megalithische Gleise · Schienen unter Wasser · Laßt Fakten sprechen! · Steinkreis auf dem Meeresgrund · Zahlenkolonnen aus der Steinzeit · Botschaft an Außerirdische · Die Konsequenz · Armer Pythagoras! · Hier steh' ich nun, ich armer Tor · Mit Winkelmaß und Rechenschieber · Fragen über Fragen · Daten aus dem Zauberhut · Abstecher nach Spanien · Können Riesen weiterhelfen? · Querverbindungen in die Zukunft · Wissenschaftler kontra Wissenschaftler · Die Brücke nach Südamerika · Altes und Neues aus Stonehenge · Die Entdeckungen · Was jeder weiß, macht auch nicht heiß · Märchenstunde · Eine kosmische Botschaft · Keiner ist wertfrei

5. Kapitel
Eine unglaubliche Geschichte 197
Entdeckungen aus der Luft · Dies sind Beweise · Demonstration des Unmöglichen · Ratgeber Apollo · Erinnerungen an die Zukunft · Zwei Milliarden für ein Horoskop? · Geheimnisvolles Feng-Schui · Was steckt dahinter? · Schüler und Meister

6. Kapitel
Sagenhafte Zeiten! 235
Linien im Gelände · Nazis und die »heilige Geographie« · Aberglaube und Tatsachen · Sternenstraßen · Landvermesser am Werk

7. Kapitel
»Der liebe Gott würfelt nicht« 261

Literaturverzeichnis 271

Bildquellenverzeichnis 280

Register 281

EINLEITUNG

ENGEL ERDE

Der ET kam lautlos, wenn es überhaupt ein Außerirdischer war. Heute würde ich sagen: wie ein Spuk, ein Geist. Vielleicht war er eine Erscheinung, durch die man hindurchgreifen konnte. Doch das traute ich mich nicht, mein Herz pochte ohnehin wie nach einem 100-Meter-Lauf in 15 Sekunden. (He! Ich bin nicht mehr der Jüngste!) Eigentlich hatte er kaum etwas Außerirdisches an sich, sieht man von den fehlenden Fingernägeln und dem Handrücken ohne jedes Härchen ab. Verdattert glotzte ich in sein Gesicht, da war keine Spur von Bart. Er war anziehend, geradezu verführerisch und könnte auch ein Mädchen gewesen sein, aber es fehlte jede Spur einer Brust. Jetzt lächelte er – o Gott – Zähne wie Diamanten! Wie soll ich ihn beschreiben? Wer hat denn schon einen Engel von Angesicht zu Angesicht erlebt? Sind Engelchen weiblich oder sächlich? Bevor ich nur richtig denken konnte, kam seine Antwort:

»Gabriel war männlich«, grinste er geradezu unverschämt, »und Michael und all die anderen Boten ebenso.«

Meinetwegen, ein männlicher Engel, aber jetzt fragte ich mich ernsthaft, ob ich träumte. Es ist mir im Traum schon passiert, daß ich mich fragte: Träume ich? Mit größter Willensanstrengung schob ich meine Hand über den Tisch:

»Grüß Gott«, stieß ich hastig hervor, etwas Gescheiteres fiel mir im Augenblick nicht ein.

Er nickte. Aus seinen Zügen strahlte Zuversicht und Trauer, Herzlichkeit und Bitternis, es war unmöglich aus diesem engelsgleichen Gesicht etwas Eindeutiges herauszulesen. Ein Geist jedenfalls war er nicht, denn er drückte meine Hand ganz herzhaft – und ein Mensch konnte er nicht sein. Natürlich hatte ich Angst, aber dieses Etwas vis-à-vis neutralisierte sie durch seine überwältigende Ausstrahlung. Wohin immer meine Gedanken jagten, er kannte sie schon. Irgendwann zwischen Herzklopfen und Gedankenblitzen überkam mich die blödsinnige Idee, mich vorzustellen.

»Erich von Däniken«, nickte ich leicht mit dem Kopf.

»Erde«, verbeugte er sich artig.

»*Wie* bitte?«

Gütig, als ob er Ordnung in den Wirrwarr meiner grauen Zellen bringen wollte, wiederholte er:

»Erde! Planet! Teilchen der Schöpfung!«

Er hielt immer noch meine Hand. Plötzlich hatte ich das Gefühl, mein Arm tauche in die Tiefen des Ozeans. Mit der Rückseite meiner gekrümmten Finger tastete ich sanft über den Meeresboden. Da waren Hügel, Berge und wie auf einer zarten Haut seidenweiche Flächen. Auf gespenstische Art verlängerte sich mein Arm immer mehr; verspielt, als ob keinerlei Widerstand da wäre, durchbrach ich die Erdkruste. Eine Zehntelsekunde dachte ich an einen Film mit

Heinz Rühmann »Ein Mann geht durch die Wand«. Im Film konnte Rühmann durch meterdicke Wände gehen. Einfach so.

Jetzt schob ich meinen Arm durch unterseeische Gebirgsketten. Einfach so.

Sachte, fast wie ein Chirurg, der sein Skalpell ansetzt, drückte ich meine Finger durch den Erdmantel. Im selben Moment durchzuckte mich ein peinigender Schmerz, tausend Nägel durchbohrten die Knochen. Reflexartig wollte ich den Arm zurückziehen, doch der saß unerwartet fest wie in einem Schraubstock. Der Engel vis-à-vis lächelte, umklammerte meine Hand, die gerade von einem weißglühenden Lavastrom verbrüht wurde. Ohne ein Wort der Erklärung kannte ich die Ursache der Peinigung: irgendwo war eine unterirdische H-Bombe gezündet worden.

Die Qual verschwand, mein Arm verlängerte sich wieder, er mußte wohl an die 2000 Kilometer tief im Erdinnern stekken. Mit den Fingerkuppen ertastete ich flüssiges Metall. Eigenartig, eigentlich dürfte ich keine Hand und keinen Arm mehr besitzen, schließlich ist kochendes Metall nicht gerade eine laue Brühe. Dann begann eine unsichtbare Kraft auch noch, meinen Ellbogen zu verdrehen. Wie eine Kelle rührten die Gelenke in der glühenden Sauce.

»Soll ich mich umbetten?« spottete der Engel milde, und mir war blitzartig klar, was er damit meinte: Polverschiebung – Polsprung. Heftig schüttelte ich den Kopf:

»Um Gottes willen, bitte nicht!«

Jetzt spürte ich Widerstand. Die offene Handfläche stieß auf eine gummiartige Masse, die Finger kamen nicht weiter. Ich mußte wohl nahe am Erdkern sein. Hier drinnen herrschte ein Druck von einigen Millionen Atmosphären –

aber davon merkte ich nichts. Mein Greiforgan war längst zum Geist geworden, zum Astralarm, wie andere sagen würden. Ratlos blickte ich zu meinem Engel. Der lächelte, er schien dauernd zu lächeln.

»Weshalb kommt meine Hand nicht weiter? Womit ist das Erdinnere gefüllt? Plasma? Starres Gas?«

Ein verrücktes Bild. Da hockte ich am eigenen Schreibtisch in meinen eigenen vier Wänden, mein rechter Arm rührte an den Rand des Erdkerns und mir gegenüber lächelte eine Erscheinung, die aussah wie Gott junior. Während ich ihn anglotzte, verwandelte sich sein Kopf in die vertraute Erdkugel, der Körper löste sich auf, der blaue Planet rotierte wie ein Hologramm direkt vor meinen Augen. Fassungslos beobachtete ich, wie die Erdkugel durchsichtig wurde. Auf der Oberfläche tauchte ein gigantisches Geflecht von Linien auf. Sie überlappten sich, verliefen über- und untereinander. Es gab dickere und dünnere Stränge, an den Kreuzungspunkten quirlte etwas wie sichtbares Gas, das gleichmäßig in die Atmosphäre stieg. Dort, über diesen Kreuzungen, standen mächtige Monolithen im Erdreich.

Das Liniennetz präsentierte sich dreidimensional. Von den Oberflächen zogen dicke Stränge durch den Erdmantel, vergleichbar den Verästelungen, Armen und dem Stamm einer uralten Eiche. Durch das ganze Netzwerk flossen Energien. Die Flechten der Wurzeln endeten tief im Erdmantel, verloren sich gleich zarten Nervensträngen in dünnen Saiten. Im Erdkern grelles, irisierendes Licht. Seltsam, ich spürte Fremdartiges, etwas wie ein Bewußtsein. Einem Zeitlupenfilm gleich kristallisierten sich im Erdinnern Gedanken, nahmen Energieformen an, jagten durch die zarten Fühler in den Stamm, kletterten über unzählige Kreuzungen, stießen durch die Erdoberfläche und schossen wie ein umgepolter Blitz ins Weltall. Weit draußen im Universum schimmerte ein Nebel, krümmte sich zum Nordlicht, wurde zum Trichter, zur Spirale, und jagte als gebündelter Elektronenstrahl zur Erde. Direkt in den finstern Schlund eines megalithischen Grabes.

Die Schau war gigantisch, überwältigend! ›Engel Erde‹ saß mir wieder gegenüber, hatte eine menschliche Gestalt angenommen, lächelte, als ob nichts geschehen wäre, und hielt meine Hand geradezu liebevoll. Sein Antlitz strahlte aus allen Poren, es war das Schönste, was ich je erblicken durfte. Endlich verstand ich auch seine Gesichtszüge, diese Mischung aus Heiterkeit und Furcht, aus Liebe, unendlicher Weisheit und Verbitterung. Jahrmilliarden und unbekümmerte Jugend funkelten mir gleichzeitig entgegen, Schmerz und Freude verschmolzen ineinander. Urplötzlich begriff ich den ganzen Planeten als einziges, ineinander verflochtenes und verwobenes Wesen, das Energien und Botschaften empfing und beides auch wiedergab. Wie konnte man diesem hochsensiblen Wesen je Schmerz zubereiten? ›Engel Erde‹ besaß ein Bewußtsein in einer für Menschen unerklärlichen Dimension, und dieses Bewußtsein tauschte nicht nur Informationen mit den Lebewesen auf seiner Haut aus, sondern auch mit fremdartigen Intelligenzen weit draußen im All. Die für uns bestimmte Botschaft war angekommen:

Kinder der Erde, liebt mich!

1. KAPITEL

SYMPHONIE IN STEIN

> »Der Unterschied zwischen Gott und den Historikern besteht hauptsächlich darin, daß Gott die Vergangenheit nicht mehr ändern kann.«
>
> *(Samuel Butler, 1835–1902)*

21. Dezember 3153 v. Chr. Position: 53° 41′ nördlicher Breite und 6° 28′ westlicher Länge. Es ist 9.43 Uhr. Langsam, als ob sie sich scheue, ihr nächtliches Bett zu verlassen, klettert die weißglühende Sonnenscheibe über den Hügelrand. Unten, am Flüßchen, hängen verträumte Nebelschwaden, etwas höher, auf einer künstlich angelegten Terrasse, steht ein Steinkreis aus 97 mächtigen Megalithen. Von der südöstlichen Seite des Kreises verläuft ein Ganggrab Richtung Kreismitte. Wie erstarrte Soldaten ruhen dort 43 große Steine in Reih und Glied, zwischen ihnen ein Durchgang von gerade einem Meter. Am Ende der Steinparade, nach 18,9 Metern, öffnet sich die Passage zu einem kreuzförmigen Grundriß, überwölbt von einer x-tausend-Tonnen schweren Kuppel. Ganz hinten, 24 Meter vom schmalen Eingang entfernt, sind kultische Zeichen – Spiralen, Dreiecke, Zickzacklinien – in die Steine geritzt worden. Die Priester in der stockdunklen Kammer waren ihrer Sache sicher. Gleich würde es geschehen.

Draußen vor der Gangöffnung hockten an die hundert bärtige Männer am Boden. Sie hatten sich saubergemacht, Fett in die Haare geschmiert und Nadelzweige in die Gürtel gesteckt. Erwartungsvoll wanderten ihre Augen zwischen der aufgehenden Sonne und dem Grabeingang hin und her. Heute durften sie den großen Zauber erleben, das Wunder, für welches sie die vergangenen Jahrzehnte unter unsäglichen Mühen geschuftet hatten. Der Sonnengott würde ihrem toten König die Ehre erweisen. Jetzt schob sich ein gleißender Leuchtbalken über den Hügelrand, sachte begannen die Spitzen der Megalithen zu glimmen.

9.58 Uhr: Über den Eingangsmonolithen der Grabkammern erschien ein greller Lichtpunkt, Feuerzungen vermischten sich zu einem blendenden Lichterbrei, dann zuckte ein Strahl von den Deckenplatten und warf eine scharfe Leuchtlinie auf den Boden. Verzückt beobachteten die Priester das unvergleichliche Schauspiel. Die Lichtschlange verlängerte sich, kroch den schmalen Gang entlang und griff nach den kultischen Zeichen an der Rückwand. Dann verbreitete sich das Lichtband zu einem Fächer, der den ganzen Kuppelbau mit goldenem Glanz überschüttete. Nach etwa 17 Minuten verengten sich die Strahlen, wie zum Abschiedskuß huschten die Lichtfinger über die Dunkelheit, zogen ihre Fühler aus der Grabkammer.

Realitäten von gestern und übermorgen

Das Strahlenwunder, das ich hier beschreibe, ereignete sich tatsächlich am 21. Dezember 3153 v. Chr. Und seither wiederholt es sich jedes Jahr zur Wintersonnenwende – seit 5134 Jahren. New Grange heißt das geheimnisumwitterte Ganggrab. Es liegt 51 Kilometer nordwestlich von Dublin, Irland, oder rund 15 Kilometer westlich des Städtchens Drogheda. Dort, im County of Meath, in einer Schleife des Flusses Boyne, haben irische Ureinwohner gleich mehrere Gang- und Kreisgräber in die sattgrüne Landschaft gesetzt. Alle sind astronomisch ausgerichtet.

New Grange ist ein grandioses Denkmal, ein technisches Mirakel aus der Steinzeit. Es ist nicht einfach eine Gruft, in die man hochgeachtete Persönlichkeiten bettete, nicht ein simples Grab, von Steinen eingefaßt, damit Tiere nicht an die Leichen herankonnten. New Grange ist ein vermessungstechnisches Meisterwerk, ein astronomisches Lehrstück und ein Transportphänomen dazu. Entstanden in einer Zeit, als es nach archäologischer Lehrmeinung noch keine ägyptische Geschichte gab, als nirgendwo auf dem Erdenrund eine Pyramide stand, als weder die alten Städte Ur, Babylon oder Knossos (auf Kreta) existierten. Vermutlich war auch der gewaltige Steinkreis von Stonehenge noch nicht geplant, als unbekannte Astronomen das Ganggrab von New Grange errichteten.

Folgende Doppelseite: Außenansicht der restaurierten Anlage von New Grange, Irland.

Nichts als ein Grab?

Jahrtausende beachtete niemand den runden Hügel über dem Flüßchen Boyne, bis im Jahre 1699 der Wegarbeiter Edward Lhwyd kräftig fluchte. Ein Gesteinsbrocken, der die Weglinie versperrte, wollte sich partout nicht wegräumen lassen. Halb freigeschaufelt, bemerkte der schimpfende Straßenbauer zwei eingeritzte Spiralen und einige Rechtecke auf dem störrischen Block. Jetzt war ihm klar: »Wieder so ein verdammtes Grab!« Die Botschaft erreichte die nächste Schenke. New Grange war entdeckt.

Gründliche Grabungen und Restaurationsarbeiten begannen erst Anfang der sechziger Jahre unseres Jahrhunderts. 1969 entdeckte der Forschungsleiter Professor Michael J. O'Kelly von der Cork University über den beiden Eingangsmonolithen eine künstlich eingelassene, rechtwinklige Öffnung. Sie war nur 20 Zentimeter breit, doch sie reichte, damit dem Gelehrten das berühmte Licht aufging. Am Tag der Wintersonnenwende des Jahres 1969 – und ein Jahr später nochmals – setzte sich O'Kelly in den hintersten Teil des Gewölbes: Hier sein Augenzeugenbericht [1]:

»Exakt um 9.45 Uhr erschien der obere Rand der Sonne am Horizont, und um 9.58 Uhr zeigte sich der erste Strich des direkten Sonnenlichts durch die schmale Öffnung über dem Eingangsdach. Der Sonnenstrahl verlängerte sich dann der Passage entlang in die Grabkammer, bis der Strahl die Kante des Beckensteins in der Nische erreicht hatte. Als der Lichtstrahl sich zu einem 17-Zentimeter-Band verbreitert hatte und sich über den Kammerboden ergoß, wurde das Grab durch die Reflexion derart dramatisch erleuchtet, daß verschiedene Details sowohl der Seitenkammern als auch des Kuppeldaches klar erkennbar waren. Um 10.04 Uhr begann sich das Lichtband zu verengen, und genau um 10.25 Uhr wurde der Lichtstrahl abrupt abgeschnitten. Während 21 Minuten also, am Sonnenaufgang des kürzesten Tages des Jahres, dringt Sonnenlicht direkt in die Grabkammer von New Grange. Nicht etwa durch den Eingang, sondern durch einen speziell konstruierten engen Schlitz über dem Eingangsdach zur Passage.«

Als vorsichtiger Gelehrter wollte Prof. O'Kelly damals die Frage, ob das Lichtspektakel Zufall oder Absicht sei, nicht endgültig beantworten. Die Frage ist inzwischen von anderen abgehakt worden [2].

Die beiden irischen Wissenschaftler Tom Ray und Tim O'Brian von der School of Cosmic Physics richteten sich am 21. Dezember 1988 mit ihren Meßinstrumenten in der Grabkammer ein. Genau viereinhalb Minuten nach Sonnenaufgang erschien der erste Lichtstrahl in der rechteckigen Aussparung über dem Eingang. Schon nach kurzer Zeit verbreitete sich der Lichtstrich zu einem 34 Zentimeter breiten Band, das aber – o Schreck! – durch einen leicht geneigten Monolithen abrupt auf 26 Zentimeter zurückgestutzt wurde. Der Strahl erreichte die hintere Grabwand mit den mystischen Zeichen nicht mehr, sondern verharrte knapp zwei Meter davor auf dem Boden. Auch dadurch wurden zwar Kammer und Kuppel in ein schimmriges Licht getaucht, aber was war geschehen?

Tom und Tim bemühten die Computer. Im Laufe der Jahrtausende führt die Erdachse eine gemächliche Taumelbewegung aus, was zur Folge hat, daß ›Osten‹ vor fünf Jahrtausenden nicht exakt dort lag, wo es heute liegt. Vor 5134

Heute liegen vor dem Eingang Steine mit eingravierten Spiralen, New Grange.

Auch diese gewaltigen Megalithen waren einst Bestandteile des Ganggrabes von New Grange.

Jahren aber – so die Computerberechnungen – hatten die Sonnenstrahlen kompaßgenau durch die Luke in die Gruft gezündet und an der hintersten Wand – nach 24 Metern – ihre Lichtschau entfaltet. Selbst unter Berücksichtigung der Taumelbewegung der Erdachse veränderte sich am Lichterspiel kaum etwas. Der einzige Umstand, der den Lichtstrahl heute beeinflußt, ist der leicht in die Schräge gekippte Monolith. Das Spektakel konnte demnach kein Zufall sein.

Die Stellung eines einzigen Monolithen in der Passage hätte alles verändert. Wäre der künstliche Schlitz über dem Eingang nur um Zentimeter schmaler oder um Millimeter verschoben gewesen, so hätten die Lichtfinger ihren Weg durch Gang und Kammer bis auf die Rückwand nicht erreichen können. Weiter: Wäre der Monolithenkorridor kürzer oder länger gewesen, so hätte das Sonnenlicht entweder die Rückwand nicht erreicht oder die kultischen Zeichen nicht erleuchtet.

Es kommt noch toller: Die Riesenanlage von New Grange steht nicht auf ebenem Grund, der Ost-West-Gang liegt nicht horizontal, sondern schräg nach oben geneigt. Der höchste Punkt am Gangboden ist gleichzeitig der letzte Monolith nach der 24-Meter-Strecke. Dieser Neigungswinkel war geplant. Erinnern wir uns: Der Ausgangspunkt der Sonnenstrahlen am 21. Dezember war weder der Grabeingang, noch tasteten sich die Strahlenfinger vom Eingangsboden aus nach hinten, sondern von einem Lichtschacht in der Decke. Einzig diese Position in Verbindung mit dem gegenüberliegenden Hügel, hinter dem die Sonne aufging, ermöglichte einen schnurgeraden Lichtbalken ins Zentrum der Gruft.

Dort traf das Licht gleich einem gebündelten Laserstrahl auf die Kante des Beckensteines, das ist ein Block mit einer künstlich herausgekratzten Schale. Der Rest war eine magische Symphonie, ausgelöst durch den Spiegeleffekt. Die Strahlen fächerten sich in diverse Richtungen, stets zielgenau auf kultische Zeichen und – natürlich – im rechten Winkel pfeilgerade nach oben durch den Schacht des Kuppeldaches.

Diese Kuppel über dem Grab ist ein Wunderwerk für sich, Fachleute bezeichnen sie als ›falsche Kuppel‹. Unten schwere und oben leichtere Monolithen wurden in einer Weise aufeinandergeschichtet, daß stets der nächsthöhere Monolith ein Stück über den darunterliegenden hervorragte. So entstand über der Grabmitte ein sich stetig verengender, sechseckiger Schacht von sechs Metern Höhe. Ganz

Die Kuppel ist mit einer quadratischen Platte verschlossen, die je nach Bedarf weggeschoben werden konnte, New Grange.

Innenansicht von New Grange: Eine Orgie in Monolithen.

oben, am Ende des Kamins, ein Abschlußmonolith, der je nach Bedarf weggezogen werden konnte.

Was als Lichtzauber mit der Sonne funktioniert, müßte umgekehrt – wenn auch in weit schwächerer Form – genauso mit dem Sternenlicht möglich sein. Welcher Stern steht in der Nacht x vertikal über dem Kuppeldach? Diese Frage ist von den Gelehrten nicht gestellt worden. Ich stellte sie, weil ich als Globetrotter und ›Tramp zwischen den Wissenschaften‹ simultane Anlagen zu New Grange kenne.

Szenenwechsel

Im riesigen Mexiko ist der Ort Xochicalco nicht mehr als ein Nadelstich in der Landschaft. Xochicalco ist ein Ruinenfeld der Maya-Kultur, 1500 Meter hoch gelegen. Aktenkundig ist nur, daß dort im 9. nachchristlichen Jahrhundert eine bedeutende Festungsanlage existierte. Das besagt wenig, denn bereits Jahrhunderte oder Jahrtausende vor der Festung gab es in Xochicalco ein einzigartiges Observatorium. Bisher wurde erst der kleinste Teil des Komplexes ausgegraben. Da ist die Hauptpyramide, »La Malinche« getauft, ein Palast sowie ein planierter Ballspielplatz. Alle freigelegten Bauten sind in Nord-Süd-Richtung ausgelegt. Zwei Pyramiden stehen sich wie Spiegelbilder gegenüber: Bei Tag- und Nachtgleichen strahlt die Sonne genau über deren Zentrum.

Das Observatorium von Xochicalco liegt unter der Erde. Stollen wurden durch den Felsen getrieben, in der Decke gibt es Löcher, deren Durchblick auf bestimmte Gestirne zielt. Vom Zentrum der kuppelförmigen Decke führt ein sechseckiger Schacht ans Tageslicht. Wenn am 21. Juni, am Tag der Sommersonnenwende, die Sonne lotrecht über dem Schacht steht, beginnt ein magisches Schauspiel:

Bis auf einen diffusen Lichtschimmer ist es in der unterirdischen Kammer stockfinster. Gegen Mittag betreten Indios mit brennenden Kerzen den Raum. Amulette und Wasserbehälter, die sie bei sich tragen, stellen sie direkt unter den sechseckigen Schacht. Genau um 12.30 Uhr ist es soweit. Die Sonne steht senkrecht über dem Schacht, die Strahlen gleiten an den Wänden entlang, die Lichtbahn wird breiter, bis sie den Schacht prall ausfüllt. Wie bei einer Lasershow schießen plötzlich Lichtkaskaden vom Boden in alle Richtungen, greifen wie leuchtende Finger um sich. Der Zauber hält etwa 20 Minuten an, in dieser Zeit leuchtet der Kuppelraum wie ein Kristall. Sobald das Licht versickert, nehmen die Indios ihre Amulette und Wasserbehälter und tragen sie stumm nach draußen.

Fragen ohne Antworten

Was hat Xochicalco im fernen Mexiko mit New Grange in Irland und – wie ich noch darlegen werde – mit unzähligen anderen vorgeschichtlichen Steinsetzungen gemeinsam?

An beiden Orten errichteten Menschen künstliche Mehrzweckanlagen. Diese ließen sich verwenden als
a) Grab
b) Kalender
c) Observatorium
d) Kultraum zur Winter-/Sommersonnenwende

e) Visierpunkt
f) Maßeinheit
g) Zeitkapsel für die Zukunft

Sicherlich gäbe es noch andere, ganz banale und alltägliche Verwendungszwecke für einen kühlen, dunklen Raum, nur stehen derartige Zwecke in keinem Verhältnis zum Arbeitsaufwand. New Grange und Xochicalco sind Denkmale, sind astronomische Uhren für die Ewigkeit.

Wer verlangte den Zauber? Wer dachte sich die exzentrischen Sonnenlichtspiele in New Grange/Xochicalco aus? Wer errechnete die Gradneigung der Schächte für die Sonnenstrahlen am kürzesten und längsten Tag? Wer befahl den baulichen Aufwand zu einer Zeit, als weder Krane noch Flaschenzüge existierten? Zu einer Zeit, als Steinzeitmenschen weiß Gott genug damit zu tun hatten, für den Lebensunterhalt ihrer Sippe oder ihres Stammes zu sorgen? Zwar sind die Anlagen von New Grange und Xochicalco nicht zur gleichen Zeit entstanden, es liegen Jahrtausende zwischen ihnen, dennoch herrschte zur Bauzeit sowohl in Irland als auch in Mexiko das, was Archäologen gemeinhin ›Steinzeit‹ nennen – eine Epoche, in der die Metallverarbeitung nicht bekannt war.

In Xochicalco waren Tempel und Observatorium der fliegenden, gefiederten Schlange gewidmet, jenem rätselhaften Gott, von dem die Kulturen Mesoamerikas ihr astronomisches und mathematisches Wissen erhalten haben wollen. Die ›New Granger‹ sollen, glaubt man den vagen Überlieferungen, ihr Monument zu Ehren des keltischen Gottes An Dagda Mor errichtet haben. Das ist Legende, aber eine, die zu den Begebenheiten passen würde. An Dagda Mor war schließlich der Sonnen- und Lichtergott. Sein Symbol, eine

Sonnenscheibe über einem seltsamen Schiff mit gehißten Segeln, ist in New Grange gefunden worden [3].

Die Fachleute, immer mit beiden Beinen fest auf dem Boden der gerade existierenden Realität, sehen in New Grange ein Hünen- oder Fürstengrab. Es ist mit 15 Metern Gesamthöhe, 95 Metern Durchmesser und 400 verbauten Monolithen zwar etwas pompös geraten, aber wen kümmert's? Riesen oder Fürsten liegen in kolossalen Grüften gerade richtig. Störend wirkt lediglich, daß in New Grange weder Hünen- noch Fürstenknochen gefunden wurden, sondern nur Reste von Knöchelchen und etwas Asche. Auch fehlt jeder Hünen- oder Fürstenklimbim. Kein Schmuck, keine teuren Felle, keine fürstlichen Waffen oder Silber. Nicht mal ein paar simple Edelsteine legten die geizigen ›New Granger‹ ihrem Oberchef in die Gruft. Ja, und den Sarkophag oder die Steinwanne für den Leichnam haben sie auch vergessen. Mickrige Bande!

Logisch?

In leeren Köpfen finden Phrasen stärkeren Widerhall. In leeren Grüften auch. Weshalb muß New Grange eigentlich ein Grab gewesen sein? Die Gräberidee geistert als »gesicherte Tatsache« durch die Fachliteratur und ist wohl unausrottbar. Doch was sind diese Tatsachen? In New Grange wurden Menschen- und Tierknochen gefunden – *folglich* ist die Anlage dafür gebaut worden. Tatsache ist auch, daß sich jeder Unterstand, jedes x-beliebige Loch als Grab verwenden läßt. Auch wenn es *ursprünglich* einem ganz anderen

Xochicalco liegt in 1500 Metern Höhe an den Ausläufern des Vulkans Ajusco, Mexiko. Die gesamte Bergkuppe wurde planiert.
Ausschnitt aus der Hauptpyramide La Malinche. Hier wurde die ›gefiederte Schlange‹, das zentralamerikanische Gegenstück zum chinesischen Drachen, verehrt.

Zweck diente. Folgerichtig kann die Idee für New Grange ganz anderen Vorstellungen entsprochen haben, auch wenn – viel später – Knochen dazukamen. Die Ruhe der Toten wurde bei allen Völkern heilig gehalten – nur die Leiche unter der Kuppel von New Grange sollte alljährlich von der Sonne geblendet und aufgeschreckt werden? Wenn New Grange von allem Anfang an als Grabanlage konzipiert war, dann müßte der Verstorbene eine ganz besondere Affinität zum Zentralgestirn oder meinetwegen zum Weltall gehabt haben. Welche?

Einen Kultraum von der Symbolkraft New Granges schafft kein Volk als Freizeitbeschäftigung. Eine Beobachtungs- und Vermessungszeit von mindestens einer Generation war Voraussetzung, um den Tag, die Stunde und Minute der Wintersonnenwende für die geographischen Begebenheiten von New Grange zu errechnen. Exakte Pläne – vielleicht Modelle – mußten erstellt werden, jeder Winkel auf der *geneigten* Grundfläche hatte korrekt ausgerichtet zu sein, die Position jedes einzelnen Monolithen mußte exakt stimmen, und selbstverständlich waren die Kultsteine mit ihren geometrischen Einritzungen im Stollen zu verankern, *bevor* die Gruft verschlossen wurde. Ja, und vor der eigentlichen Bauerei war der Hügel abzutragen und in seinem Neigungswinkel zu planieren, Erde und Kiesel mußten ›herangekarrt‹ werden und Riesensteine aus grauem Granit und Syenit bereitstehen. Der Chefarchitekt hatte seine Berechnungen und Pläne mit Ockerfarbe auf Rentierfelle geritzt und am Boden Winkelmaße und Schnüre ausgelegt. Dabei hielt er sich penibel an das damals in Europa einheitliche Maß, das von Professor Alexander Thom in unserer Zeit entdeckte *Megalithische Yard* [4]. Es entspricht genau

82,9 Zentimetern und fand von New Grange aus in allen Steinsetzungen, mögen sie nun in Stonehenge oder in der Bretagne liegen, seine Anwendung. Vermutlich machte damals ein Steinzeitmagazin *Megalithbaukunst heute* die Runde.

»Man kann auf einem Standpunkt stehen, aber man sollte nicht darauf sitzen.« (Erich Kästner)

Ich *stehe* zu meinem Standpunkt! Wenn New Grange (und andere Anlagen) als Grab gedacht war, dann müßte der Verstorbene auf die Gesellschaft der damaligen Epoche geradezu übermenschlich gewirkt haben. Weshalb? Bei der Geburt eines Kindes war nicht voraussehbar, ob daraus ein Held oder sonstwie gearteter ›Superman‹ würde. Der Grabbau inklusive aller vorangegangenen Berechnungen, Mes-

Genau wie im fernen New Grange ist auch der Schacht des Observatoriums in Xochicalco sechseckig.

sungen, Modelle und Transportschwierigkeiten dauerte aber mindestens eine (damalige!) Generation. Ergo hätte bereits der Vater oder Großvater die Totengruft für den zukünftigen Sprößling in Auftrag geben müssen. Für sich selbst war die Grabanlage nur dann sinnvoll, wenn der Bauherr sich felsenfest auf das Wort seiner Nachfahren verlassen konnte. Wie sicher sind die Zusagen von Erben? Im alten Ägypten – beispielsweise – beeilte sich jeder Pharao, seine Pyramide zu Lebzeiten zu beenden. Zu unsicher wa-

Durch diesen Schacht leuchtet am 21. Juni um 12.30 Uhr die Sonne in das unterirdische Observatorium.

ren die Zusicherungen der Nachfahren, zu oft wurden im Bau befindliche Gräber gerade von den Erben umfunktioniert, ausgeschlachtet, für eigene Zwecke verwendet. Wenn ein Verstorbener zehn Jahre nach seinem Hinschied im Volksbewußtsein immer noch unauslöschlich und bewunderungswürdige Marken hinterließ, dann hatte er in jedem Fall weit über den Durchschnitt der anderen Menschen hinauszuragen. Derartig hochgeachtete oder bestgehaßte Personen haben Namen, ihr Gesicht ist weit herum bekannt. Wo sind die Namen, wo die Gesichter der Übermenschen von New Grange?

Und wenn es Tyrannen waren, welche den Grabbau über ihren Tod hinaus befahlen? Was für Ägyptens Cheops gilt, gilt unter Menschen weltweit. Tyrannen sind immer eitel. Eitelkeit und Namenlosigkeit sind unvereinbar. Wo bleibt der Begräbnispomp von New Grange? Wo die Überreste der Waffen, Lieblingsgegenstände, Kleider? Doch außer einigen Spiralen, Rechtecken und pyramidalen Dreiecken, die auch in anderen Gräbern Irlands bis hinunter nach Spanien vorkommen, ist nichts da. Die Anonymität von Geistern.

Zeitmesser für die Ewigkeit

Und doch ist ein Wegweiser vorhanden, derart unübersehbar, trotzig und wuchtig, daß er uns auch nach Jahrtausenden ins Gehirn springen muß: die Anlage selbst.

Die Existenz von New Grange beweist, daß es vor über fünf Jahrtausenden Menschen gab, die recht viel von der Himmelsmechanik verstanden, sehr viel von Berechnungen,

Winkelmaßen, Zeichnungen, Plänen, eventuell Modellen und auf jeden Fall verblüffend viel vom Lastentransport und der praktischen Bauarbeit. Lauter erstaunliche Dinge, die nicht so recht in die dumpfe Steinzeit und noch weniger in die Evolution der Technologie passen wollen. Von nichts kommt bekanntlich nichts, und jedes astronomisch-technologische Wissen hat seine Vorläufer, seine Lernphase.

Der im ›Ganggrab‹ von New Grange Bestattete – so es denn eine Grabstätte war – wird wohl zu den astronomisch Gebildeten gehört haben. Sonst bleibt auch kein Hauch eines Grundes für die präzise Ausrichtung zur Wintersonnenwende. Und läßt man die Grabvariante weg, bleibt als Faktum nur noch die astronomische Ausrichtung alleine.

Hier wird, ich kann es geradezu riechen, der Einwand kommen, weltweite Steinsetzungen mit astronomischen Bezugspunkten hätten eine entscheidende Funktion als Kalender gehabt. Der Einwand ist derart hohl, daß ich mich sträube, (schon wieder) darüber zu schreiben. Wozu also diente New Grange? War der Ort selbst, die geographische Position, ein ›heiliger Punkt‹? Möglich, doch dann muß es von ähnlich gearteten Punkten wimmeln. Die Welt schwimmt in megalithischen Anlagen! Zudem erklärt der ›heilige Punkt‹ nicht das astronomisch-technische Know-how.

Sicher ist eigentlich nur, daß irgendwer in grauer Vorzeit eine astronomische Präzisionsuhr in die Landschaft pflanzte, ein Denkmal, das seine Botschaft auch noch nach fünf Jahrtausenden (oder mehr) unverändert präzise übermittelte. Welche Botschaft? Wer waren die Zeitdenker, die Wissenden, die sowohl ihre Zeit wie auch die ferne Zukunft zu beeindrucken vermochten? Und weshalb taten sie, was sie taten? Was war ihre Triebfeder? Ihr Motiv?

2. KAPITEL

DIE SONNE
IM SCHATTEN

> »Erfahrung ist der Name, mit dem jeder seine Dummheiten bezeichnet.«
>
> *(Oscar Wilde, 1854–1900)*

Die Geschichte der Menschwerdung ist ein Affentheater. Ein Krimi mit Tausenden von offenen Fragen und Tausenden von pseudologischen Antworten. Mir widerstrebt es zu wiederholen, was vor 15 Jahren schon in *»Beweise«* [5] nachzulesen war, und doch muß ich meine Finger noch einmal über die Landkarte der jüngeren Evolution gleiten lassen und einige Einzelheiten auffrischen. Zu drollig sind die Bocksprünge, die vom Affen zum Techniker der Megalithzeit führten. Zu offensichtlich auch die unter den Teppich gekehrten Widersprüche.

Geologen und Paläontologen haben Ordnung in die Vergangenheit gebracht. Sie belegten die Erdgeschichte mit Namen wie Kambrium, Ordovizium, Devon oder Karbon. Das sind sehr lange Zeitabschnitte von vielen Millionen Jahren. Und weil sie so groß sind, braucht es kleinere Unterteilungen und Perioden. Eine dieser Perioden ist das Pleistozän, eingebettet im großen Block des Quartär.

Damals, so etwa zwischen zwei Millionen und zehntausend Jahren, war das Erdklima starken Schwankungen unterworfen. Auf Eiszeiten folgten Warmzeiten und umgekehrt, ganz ohne Dazutun des Menschen übrigens, denn der lebte als affenartiges Wesen immer noch auf den Bäumen oder in Höhlen. Auch existierten viele Tierarten auf Erden, die wir heute nur noch als Versteinerungen oder aus Knochenresten kennen. Niemand kann gesicherte Angaben darüber machen, weshalb die lieben Viecher eingingen, nur eben: Der Mensch oder stinkende Autoabgase waren es damals bestimmt nicht.

Der intelligente Blödmann

Vor etwa 75 000 Jahren lebte in dem Gebiet zwischen Düsseldorf und Wuppertal ein intelligentes, aufrechtgehendes Wesen, dem die Wissenschaft den Namen ›Neandertaler‹ verlieh. In Schulbüchern steht, der Lehrer Johann Carl Fuhlrott habe diesen Neandertaler im Jahre 1856 entdeckt, doch das stimmt nicht ganz. Zwei Arbeiter waren damit beschäftigt, eine kleine Grotte bei Mettmann, ziemlich in der Mitte des Neandertals, vom Lehm zu befreien, als plötzlich Skelettknochen zwischen den Pickeln auftauchten. Die Arbeiter glaubten, es handle sich um die Überreste von Bären. Erst als die Steinbruchbesitzer den Realschullehrer J. C. Fuhlrott aus Elberfeld herbeizitierten, um die Knochenfunde zu begutachten, war der Neandertaler geboren.

Im Herbst 1856 berichteten mehrere Zeitungen über den Fund, und Lehrer Fuhlrott geriet unversehens in Schwierigkeiten. Charles Darwin (1809–1882) hatte sein Buch über die »Entwicklung der Arten« noch nicht veröffentlicht, die Wissenschaft stand unter dem Einfluß des biblischen Schöpfungsberichtes, und der führende französische Gelehrte Georges Cuvier (1769–1832) hatte bereits dogmatisch verkündet: »L'homme fossile n'existe pas!« (Der fossile Mensch existiert nicht!)

Lehrer Fuhlrott war ein streitbarer Zeitgenosse. Er hielt mehrere Vorträge vor wissenschaftlichen Gremien, schrieb Artikel und korrespondierte mit diversen Gelehrten. Als dann auch noch Darwins epochemachendes Werk die Runde machte, geriet die Wissenschaft in Aufruhr. Man mußte sich mit dem Fund aus dem Neandertal auseinandersetzen, und dies geschah so, daß die Fetzen flogen.

Der damals in Deutschland berühmteste Pathologe, Prof. Rudolf Virchow (1821–1902), deklarierte den Neandertaler zum »rachitischen Idioten«, und sein Berufskollege Carl Mayer erkannte im Schädel einen »mongolischen Kosaken«.

Aus dem »Idioten« ist inzwischen der wissenschaftlich anerkannte *Homo neanderthalensis sapiens* [6] geworden, doch der wiederum scheint sich in Luft aufgelöst zu haben. Vor rund 40 000 Jahren tauchte nämlich ein anderer Typ, der Cro-Magnon-Mensch auf, und alsogleich – simsalabim – verschwand der Neandertaler. (Wir Heutigen gehören zum Cro-Magnon-Menschen, der seinerseits zur Gruppe des *Homo sapiens sapiens* zählt.) Weshalb der Neandertaler von der Bildfläche verschwand, ist umstritten. Vielleicht paarte er sich mit dem Cro-Magnon-Typ, zumindest genetisch dürfte dies möglich gewesen sein.

Was ist denn Besonderes an diesem Neandertaler? Weshalb erwähnt man ihn überhaupt, wenn er doch spurlos verschwand?

Sein Gehirnvolumen betrug bis zu 1750 Kubikzentimeter. Das ist für einen primitiven, fellbehangenen Kannibalen, der die Gehirne seiner Artgenossen verspeist haben soll, viel zuviel. Das Gehirnvolumen heutiger Menschen schwankt zwischen 1200 und 1800 Kubikzentimeter. Daraus könnte man ableiten, wir seien seither nicht gescheiter geworden, oder andersherum, die Kapazität unseres Gehirnes ist nicht größer als vor 75000 Jahren. Alleine von der Gehirnmasse her hätte der Neandertaler schon zu seiner Zeit imposante Bauwerke errichten können. Er unterließ es offensichtlich, und auch die Cro-Magnon-Nachfahren brachten 35000 Jahre lang keine architektonischen Meisterwerke zustande.

Gelebt und nichts dazugelernt

Alles, was uns unsere Verwandten aus jener nebulosen Epoche vererbten, sind einfache Schmuckgegenstände, Pfeile und Speerspitzen sowie Unmengen von Steinwerkzeugen. Dabei scheint es regelrechte ›Werkzeugfabriken‹ gegeben zu haben und eine Art von ›Vertriebssystem‹, denn Abertausende von Feuersteinwerkzeugen wurden an Orten gefunden, wo es weit und breit keinen Feuerstein gibt. ›Steinzeitbarone‹ müssen damals schon so etwas wie Feuersteinfirmen befehligt haben. Beispielsweise im bayerischen Landkreis Kelheim, wo ein Feuersteinbergwerk mit Hunderten von Schächten lokalisiert wurde.

Diese Feuersteinbergwerke passen nicht rechts ins Bild, sie verwirren unsere biedere Vorstellung von den Menschen der Steinzeit. Eines dieser Feuersteinbergwerke ist für Touristen zu besichtigen. Es liegt unweit des holländischen Ortes Rijckholt zwischen Aachen und Maastricht. Bereits im Jahre 1910 war der Holländer Joseph Hamel auf mehrere Grubenschächte gestoßen, die mit Kalkschutt angefüllt waren. In den zwanziger Jahren buddelten Mönche des Dominikanerklosters von Rijckholt in den uralten Schächten. Ihre Ausbeute: Eintausendzweihundert Feuersteinäxte.

Eine gründlichere Erforschung des mysteriösen Bergwerkes erfolgte Mitte der sechziger und Anfang der siebziger Jahre durch die Ortsgruppe Limburg der Holländischen Geologischen Gesellschaft. Bis zum Jahre 1972 hatte der holländische Grabungstrupp einen Querstollen von 150 Meter Länge angelegt. Der Grabungstrupp, der vorwiegend aus Idealisten zusammengesetzt war, entdeckte auf einer Fläche von 3000 Quadratmetern nicht weniger als 66 Bergwerksschächte. Das gesamte Stollengebiet bedeckt hingegen eine Fläche von 25 Hektar. Auf diese Gesamtfläche verteilt müßte das Bergwerk rund 5000 Schächte enthalten haben. Aus der Anzahl und Größe der Stollen ließ sich errechnen, daß in der Steinzeit rund 41250 Kubikmeter Feuerstein-Knollen gefördert wurden. Daraus ließen sich etwa 153 Millionen Äxte herstellen!

Die fleißigen Männer und Frauen der Geologischen Gesellschaft fanden in den Schächten über 15000 Werkzeuge. Auch hier ließ sich errechnen, daß im gesamten Bergwerksgebiet heute noch ungefähr zweieinhalb Millionen Werkzeuge liegen müßten. Unter der Annahme, das Bergwerk sei 500 Jahre lang genutzt worden, müßten Tag für Tag, jahraus jahrein, etwa 1500 Äxte hergestellt worden sein. Ein Stück Holzkohle, das in einen Schacht gefallen war, konnte auf 3150 v. Chr. datiert werden (± 60 Jahre). Das beweist wenig über das Alter des Bergwerks, denn das verkohlte Holzstück kann in den Schacht gefallen sein, als das Bergwerk längst aufgegeben worden war.

Wer organisierte – vor über 5000 Jahren! – den Stollenbau? Mit welchen Werkzeugen wurde gegraben? Um einen Kubikmeter Kalkstein abzuräumen, gingen etwa fünf Steinbeile kaputt. Wie wurden die Stollen abgestützt? Welche Lichtquellen wurden benutzt? Man fand keinerlei Spuren von Fackeln oder anderen, blakenden Lichtquellen.

Feuersteinknollen mit Durchmessern bis zu einem Meter findet man insbesondere in Kalkschichten aus der Kreidezeit (etwa 80 Millionen Jahre). Nun ist bekannt, daß die steinzeitlichen Jäger Feuerstein für alle möglichen Werkzeuge verwendeten, denn Feuerstein ist einerseits spröde, er läßt sich leicht bearbeiten, andererseits ist er hart wie Stahl. Die Natur gibt Feuersteinklumpen frei, wenn sich der Kalksteinmantel durch die Jahrtausende der Verwitterung auflöst. Wer instruierte eigentlich unsere ›Steinzeitler‹, daß tief im Boden, unter einer Schicht von Sand, Kies und Kalk eine Feuersteinschicht liege? Wie funktionierte der Vertrieb von insgesamt Millionen von Feuersteinwerkzeugen zu den Steinzeitkollegen in ihren Unterkünften? Was für eine Art von Handel wurde abgeschlossen? Schwer vorstellbar, daß die steinzeitlichen Bergleute umsonst unter der Erde wühlten. Irgend etwas scheint uns entgangen zu sein. ›Familie Feuerstein‹ war organisiert!

Jahrzehntausendelang – man übertrage das mal in unsere Zeitbegriffe! – tat sich gar nichts mit der Intelligenz unserer Vorfahren. Sie hockten in Wäldern und Höhlen herum, schöpften das Wasser aus derselben Tränke wie die Tiere, fingen Fische mit Harpunen und jagten Hirsche, Mammuts,

Bären, Wildpferde und anderes Getier. Diejenigen, die nicht gerade durch die Nahrungsbeschaffung gestreßt waren, schnitzten Muscheln, Knochen, schlenderten Hand in Hand auf Beerensuche oder verschönerten ihre Höhlen und Lagerplätze mit abstrakten Felszeichnungen... bis, ja, bis ihnen dann plötzlich – Hokuspokus – ein Knopf aufging und sie endlich die Astronomie und die Megalithbaukunst erfanden.

Was hat den Menschen vom Affen getrennt? *Jahrzehntausendelang*, nimmt man den gehirnpotenten Neandertaler dazu, gar volle 70 000 Jahre lang, erfanden die Brüder kaum etwas Neues. Tausend Jahre sind eine sehr lange Zeit, zehntausend Jahre gar eine fürchterliche Epoche. Zehntausende von Jahre sind für intelligente, sprechende, wandernde und Erfahrung austauschende Spezies eine Ewigkeit.

Pseudoargumente

Obwohl man nichts Genaues weiß, verkauft die Anthropologie die Entwicklung vom Affen zum *Homo sapiens sapiens* wie gesichertes Wissen. Es ist todtraurig, mit welchen Pseudoargumenten in Schul- und Lehrbüchern operiert wird, um die gähnende Wissenslehre aufzufüllen. Da lese ich, die Vormenschen hätten in Rudeln gelebt und dadurch ein intelligentes und soziales Verhalten entwickelt. Schauderhaft! Viele Tierarten, nicht nur die Affen, lebten und leben in Rudeln, aber außer einer Tierhierarchie und einer Hackordnung haben sie keine Intelligenz entwickelt.

Internationale Götterparade in der Felsbildkunst.

*Oben:
Brasilien, Pedra do Ingá, Paraiba.*

*Links:
UdSSR, 40 Kilometer südlich von Fergana.*

*Rechte Seite:
UdSSR, 18 Kilometer westlich von Navoi.*

Da vernimmt man, der Mensch sei intelligent, weil er sich besser als andere Arten anpaßte. An *was*, bitte, hat sich der *Homo sapiens sapiens* besser angepaßt? Das Argument ist ein Luftballon. Warum haben sich dann andere Primaten wie Gorillas, Schimpansen oder Orang-Utans nicht »angepaßt«? Den Gesetzen der Evolution folgend, hätten auf längere Sicht diese possierlichen Tierchen »zwangsläufig« auch Intelligenz entwickeln müssen. Evolution kann man nicht bedarfsweise für eine auserwählte (und: von *wem* auserwählte?) Spezies gelten lassen. Die Tatsache, daß wir intelligent *sind*, besagt im Vergleich zu den Nichtintelligenten eigentlich nur, daß wir es ebenfalls nicht sein dürften. Es gibt überdies ungleich ältere Lebensformen als die Primaten. Skorpione oder Küchenschaben – beispielsweise – sind 500 Millionen Jahre zurück nachweisbar. Weil sie so tapfer überlebten, müßten sich diese Arten viel besser »angepaßt« haben als der ungleich jüngere *Homo sapiens*. Wo sind die Kunstgegenstände oder Begräbnisstätten der Skorpione?

Ich höre, der Mensch habe kein Fell gehabt, weil er es verstanden habe, sich mit anderen Fellen zu kleiden. Bei solchen Sätzen fühlt man sich auf den Arm genommen. Dem Vormenschen fielen doch nicht die Fellhaare am eigenen Körper aus, weil er sich in Felle hüllte!

Aus klimatischen Gründen soll der Vormensch von den Bäumen heruntergestiegen sein. Ei der Daus! Das muß einem einfallen! Als hätte eine Affenspezies geahnt, daß sie dermaleinst in der Evolutionstheorie für den Menschen vonnöten sein würde, kletterte sie von den Bäumen herab, ließ aber bis auf den heutigen Tag die Kollegen, die dem gleichen Klima ausgesetzt waren, weiter in den Ästen der Bäume herumhüpfen. Das soziale Verhalten unserer Urahnen war total unterentwickelt.

Unsinn, so war es nicht, da kam noch etwas dazu, steht in den klugen Büchern. Aus Angst vor stärkeren Tieren sowie der leichteren Ernährung wegen sei der Vormensch genötigt gewesen, sich auf die Hinterbeine zu stellen. Wirklich drollig. Affenartiger Nachahmungstrieb ist sprichwörtlich. Warum folgten die anderen Affen diesem gescheiten Verhalten nicht? Hatten sie weniger Angst vor wilden Tieren? Und wenn schon derartige Logik zur Intelligenz zwingt, dann müßten eigentlich Giraffen, die jeden Gegner auf Kilometerdistanz sehen und riechen, längst einer Giraffenreligion anhängen.

Schließlich wird gar argumentiert, die Primaten auf unserer Linie hätten begonnen, Fleisch zu fressen, um sich leichter und besser ernähren zu können. »Unsere« Affenlinie soll dadurch einen wesentlichen Vorsprung vor anderen Affen errungen haben. Mama mia! Seit wann ist es denn »leichter«, eine Gazelle oder einen Salamander zu erlegen als Früchte

Diese und folgende Seite: ›Katchina‹-Felszeichnungen der Hopi-Indianer, Arizona, USA. Die ›Katchinas‹ waren die himmlischen Lehrmeister der Hopi.

vom Baum zu greifen? Überdies: Wildkatzen oder Raubfische fressen seit Jahrmillionen nur Fleisch – Gehirn inbegriffen. Sind sie intelligent geworden?

Bei allen Milchstraßen! Nähme man solche und hundert andere Motivationen aus der gleichen Schatzkammer als Grund für die Intelligenzwerdung an, dann müßte es auf unserem Planeten von intelligenten Lebensformen nur so wimmeln, von solchen dazu, die viel mehr auf die Waagschale werfen könnten als die Jahrmilliönchen, die unserer Entwicklungslinie zur Verfügung standen.

Hokuspokus fidibus

Schnurstraks ins Reich der Zauberei führen die Behauptungen, Lebewesen hätten bestimmte Organe herausgebildet, *weil* diese Lebewesen sie gebraucht hätten. Was unseren gut ausgerüsteten Genetiker nach vielen Versuchen gelingt, soll nach dem Gebetbuch der Evolution *non stop* geschehen sein?

Um etwas genetisch zu verändern, um ein einziges Nukleotid an einer anderen Stelle zu ersetzen, ist eine Mutation notwendig. Derartige Mutationen können spontan entstehen, etwa unter ionisierenden Strahlen oder spezifischen Chemikalien, die auf die DNS (Desoxyribonukleinsäure) einwirken. Aber: Der Wunsch nach einer Mutation genügt niemals, um einzelne Nukleotide oder gar die Sequenzen von ganzen Basenteilen auszuwechseln. Bekomme ich Widerspruch, wenn ich feststelle: Primitivste Lebensformen, ich denke etwa an Mehrzeller, hatten kein Gehirn und haben

*Götterdarstellungen
bei Las Palmas, Veracruz,
Mexiko.*

kein Gehirn. Woher kommen Ihre Wünsche oder gar Befehle, Mutationen in die Tat umzusetzen?

Im Gegensatz zu gehirnlosen Lebensformen wird bei gehirnbesitzenden Lebewesen der Wunsch nach Veränderung verständlich – *erklärbar* wird er deshalb noch lange nicht. *Weil* der Vormensch plötzlich Fleisch fraß, entwickelte er stärkere Zähne, und sie wuchsen ihm auch prompt. Hat also der Vormensch über parapsychologische oder sonstwie geartete transzendente Fähigkeiten verfügt, um über das Gehirnkommando die Mutation zu veranlassen? Die haarsträubende Logik verlangt exakt dies, denn der genetische Code, die Basenreihenfolge der DNS, mußte abgeändert werden, um das Wunder zu verursachen. Man möge mir doch gütig erklären, wieso der Wunsch nach Veränderung oder die omnipotente Umwelt eine zielgerichtete Mutation verwirklicht.

Nicht minder unerfindlich scheint mir die perpetuierte Behauptung, durch jahrtausendelange Evolution entwickle sich von selbst, was Lebewesen nötig hätten. Dieser Gedanke wurde schon vor 170 Jahren von Jean-Baptiste Lamarck (1744–1829), dem Begründer des »Lamarckismus«, in die Welt gesetzt. Im Zeitalter der Gentechnik sollte der Lamarckismus längst überholt sein. Er ist es immer noch nicht. Ich lese, »die Natur« sorge in wunderbarer Weise für unsere Bedürfnisse. Dann hat diese wundertätige Natur ziemlich jämmerlich versagt. Trotz ihrer ununterbrochenen, zufälligen Eingriffe in die DNS mit angeblich »für unsere Linie« vorwiegend positiven Resultaten.

Dem Menschen hat sie ein viel zu großes Gehirn besorgt, das er in keiner Weise benötigt. Sie verpaßte ihrem Spitzenprodukt miserable Augen, die nur geradeaus blicken können. Ihren minder entwickelten Erzeugnissen, den Insekten etwa, montierte sie Augen mit großem Blickwinkel – den Schnecken ließ sie gar eine Apparatur wachsen, mit der die Augen ausgefahren werden können, um in alle Richtungen zu beobachten. Das Spitzenprodukt *Homo sapiens* hat viele Mängel.

Die Konsequenz

Bei all diesen Einwänden ist mir durchaus klar, daß wir nun mal geworden sind, wie wir sind, und daß »unsere Linie« eben keine ausfahrbaren Augen benötigte, um weiterzukommen. Nur soll man nicht so tun, als ob all die Wunder durch Mutation, Selektion, den Jahrmillionen Zeit und einer

Diese und folgende Seite: Götter in Raumanzügen und Helmen im Tassili-Gebirge, Algerische Sahara.

schier ununterbrochenen Zufallskette erklärt seien. Einst blockierten kirchliche Institutionen fortschrittliche Erkenntnisse. Auf diesen Bremsen stehen heute Ideologien. Früher glaubte man an Religionen und ihre Stifter, nach gleichem Rezept glaubt man heute an Ideologien und deren Erfinder. Geglaubt wird immer noch. In dieser Riesenge-

meinde von Gläubigen riskieren Wissenschaftler keine Lippe mehr. Wer mag schon gegen die anerkannten Kapazitäten in den Ring steigen?

Für meinen Teil könnte ich mit der bisherigen Evolutionstheorie ganz gut leben, würden da nicht endgültige Schlüsse propagiert, die unser Denken in eingleisige Bahnen zwingen. Die Religionen früherer Jahrhunderte erhoben den Menschen zur »Krone der Schöpfung« – das Evolutionsdenken macht ihn zur »Spitze der Evolution«. In beiden Fällen sind wir »die Größten«, das schmeichelt – und verbarrikadiert die Sicht nach anderen Lösungen. Wie wurde aus dem Pflanzen sammelnden Jäger ein astronomisch gebildeter Techniker der Megalithzeit? Durch langsame, stetige Anpassung? Durch geistvolles Wachsen und zielgerichtetes Lernen? – Zugegeben, dies ist die gängige Lehrmeinung, aber auch die durch Wissensunlust breitgewalzte Faulheit.

Adieu – alte Theorie

Die Evolution war nie ein stetiges, langsames Sichverändern und Anpassen. Die Veränderungen fanden in ruckartigen Wellen, sozusagen in Sprüngen, statt. »Die verschiedenen Arten treten tatsächlich plötzlich in Erscheinung und nicht still und unmerklich. Das Ganze erfolgt mit einem Fanfarenstoß« [7].

Der das sagt, ist keiner, den man als Spinner abqualifizieren könnte. Keiner, dem die Spezialisten »Laientum« nachsagen dürfen. Sir Fred Hoyle ist Professor für theoretische Physik, Gründer des Institutes für Theoretische Astronomie in Cambridge und Mitglied der amerikanischen National Academy of Science. In zwei Büchern [7, 8], die Pflichtlektüre für jeden Anthropologen sein müßten, führte er die bisherigen Annahmen der Evolutionstheorie ad absurdum. Hoyles Beweisführung ist nicht widerlegbar – deshalb wird sie verschwiegen. Ich kann verstehen, wenn gegen Außenseiter eine hochmütige und scheinheilige Wand des Schweigens aufgebaut wird, schließlich erlebe ich dies an der eigenen Arbeit, doch ist es beschämend, hochmögende Wissenschaftler zu beobachten, die unter sich zum selben Mittel greifen.

Sir Fred Hoyle belegt, daß unsere Erde »nicht das biologische Zentrum des Universums ist, sondern nur eine Art Treffpunkt«. Gene, die Bausteine des Lebens, die alles verändern und die für die spontanen und unerklärlichen Mutationen verantwortlich sind, kamen und kommen aus dem Weltall.

Wahrhaftig eine exotische Idee! Verständlich, wenn sich keiner damit anfreunden will, der sich für die Spitze der Evolution oder die Krone der Schöpfung hält. Ein fürchterlicher Gedanke – wir sollen *nicht* die Größten sein?! Gene aus dem Weltall sollen Mutationssprünge verursacht haben und laufend – auch in unserer Zeit – verursachen?

Die Entrüstung gegen Sir Fred Hoyles Beweisführung ist durchsichtig. Dabei war auch in wissenschaftlichen Kreisen seit soliden zwanzig Jahren voraussehbar, was sich schließlich nicht mehr widerlegen läßt. Man hätte nur mal einen Blick in eines der hochintelligenten Bücher von Prof. Dr. Dr. Dr. Wilder-Smith [9, 10, 11] werfen müssen, oder meinetwegen ein neueres Werk von Nobelpreisträger Francis Crick [12] durchblättern können. (Inklusive deren Sekundärliteratur!)

Und wer da einwendet, das seien Einzelgänger und was sie vorbrachten nur Theorie, der möge doch – bitte – in einer Universitätsbibliothek mal Bruno Vollmerts hochmodernes Buch *»Das Molekül und das Leben«* [13] zur Hand nehmen. Professor Bruno Vollmert war immerhin Ordinarius für Chemische Technik der makromolekularen Stoffe und Direktor des Polymer-Institutes an der Universität Karlsruhe. Weiß Gott kein Laie! Geht es um die Entstehung von Makromolekülen wie der DNS, sind genau diese Spezialisten zuständig.

Ideologie kontra Wissenschaft

Vollmert stellt klipp und klar fest, ein Polymerchemiker könne sich weder einreden noch einreden lassen, in Ursuppen wären zufälligerweise Makromolekülketten von der Art der DNS entstanden; das gelte auch für das Kettenwachstum der DNS im Verlaufe der Erdgeschichte *von einer Tierklasse zur nächsthöheren*. Vollmert wörtlich:

»Ich halte daher den Darwinismus für einen verhängnisvollen Irrtum, der seinen beispiellosen Erfolg letztlich wieder *einem anthropozentrischen Wunschdenken* verdankt.«

Nichts anderes sagt Sir Fred Hoyle. Er fragt sich, weshalb Biologen in aus der Luft gegriffenen Phantasien schwelgen und abstreiten, »was doch so offensichtlich ist«. Hoyle [7]:

»In vorkopernikanischer Zeit hielt man die Erde irrtümlicherweise für den geometrischen und physikalischen Mittelpunkt des Universums. Heutzutage sieht eine anscheinend doch respektable Wissenschaft in der Erde das biologische Zentrum des Universums, eine fast unglaubliche Wiederholung des früheren Irrtums.«

So ist es. Wie konnte es nur geschehen, daß ausgerechnet Hochschullehrer, die doch jeder Beweisführung gegenüber offen sein sollten, weiterhin auf dem alten und für wirkliche Kenner der Materie längst überholten Evolutionsunsinn beharren? Es liegt am System.

Wer eine Dissertation schreibt oder ein wissenschaftliches Buch veröffentlicht, muß zitieren... zitieren... zitieren, muß die alten Standpunkte wie in einer Gebetsmühle wiederholen. Es soll nicht unbedingt selber gedacht werden, es reicht, das Vorgekaute zu schlucken und Querverbindungen aufzuzeigen. Was man einmal »weiß«, verursacht Lust und Befriedigung, auch wenn das »Wissen« ein Wunschwissen bleibt. Gegenteilige Ansichten werden weggescheucht wie lästige Insekten, sie infizieren mit Unlust. Zudem fühlt man sich soziologisch mit dem Verhalten der Herde einig. Die Mehrheit der anderen besteht gleichfalls aus Nachplapperern. Dazu kommt, daß die bisherige Evolutionslehre in eine geräumige, ideologische Scheune gefahren wurde. Hoyle [8]: »Wenn der Darwinismus nicht als gesellschaftspolitisch erwünscht und für den Seelenfrieden der Staatsbürger sogar unerläßlich gälte, sähe es wohl anders aus.«

›Engel Erde‹ ist kein geschlossenes System und war es nie. Die Erde empfängt Botschaften und Informationen von außen, die zu ziemlich abrupten Evolutionssprüngen führen. Der Mensch ist nicht vom Affen getrennt worden, *weil* er sich an irgend etwas »besser anpaßte«, sondern weil ihn neue Gene auf ein anderes Niveau hoben. Genausowenig ist aus dem *Homo erectus* ein Neandertaler und aus dem Neandertaler ein Astronom und Techniker des Megalithzeitalters entstanden, *weil* er sich stetig mit den veränderten Umwelteinflüssen – mal Eiszeit, mal heiß und umgekehrt – anfreundete. Die Botschaft der Intelligenz ist universell, lediglich die Verwirklichung über den Menschen ist hausgemacht.

Ein tolles Ding

Ich behaupte nicht mehr und nicht weniger, als daß sich Veränderungen an den Lebensformen nicht langsam und in

Felsgravur in Twyfelfontein, Namibia. Auf der rechten Bildmitte ist ein spinnenbeiniges Objekt gelandet, links ein kniender Mensch.

einem mutierten Einzelexemplar abspielten, sondern gleich scharenweise. Dieser Gedanke ist nicht neu, ich behandelte ihn schon vor 15 Jahren [5]. Er degradiert die bisherige Meinung von der mühsamen und stetigen Mutation zur Groteske und belegt zumindest, daß wir *irgendeinen anderen Einfluß* unterschätzten.

Jede Lebensform, die sich durch Befruchtung vermehrt, verfügt über eine spezifische Chromosomenzahl. Die menschliche Keimzelle hat deren 46, nämlich 22 Autosomen plus ein X- oder Y-Chromosom. Nur gleiche Chromosomenpaare sind zeugungsfähig. So kann sich, wenn dies einem in den perversen Sinn käme, kein Mensch mit einem Schimpansen kreuzen, obschon beide vom gleichen Stamm sind. Ihre Chromosomenzahlen passen partout nicht zusammen.

Zwar treten in allen Arten stets wieder numerische Chromosomen-Mutationen auf, doch sind die Träger derart mutierter Chromosomen nicht zeugungsfähig, sie haben entweder zu viele oder zu wenige Chromosomen und werden abgestoßen. Alleine auf der Erde leben etwa 20 000 Spinnenarten... aber keine kann die andere begatten.

Freilich ist es möglich, daß unter vielen Neugeborenen sich zufällig die passenden zusammenfinden, Kinder zeugen und eine neue Spezies entstehen lassen. Diese Spezies kann sich dann aber ausschließlich in der Inzucht der ›Druckfehlerbehafteten‹ vermehren. Genosse Zufall hält die Lampe, und niemand weiß, wie lange das gutgeht.

Aus der Evolution von Quallen und Würmern usw. wurden irgendwann Wirbeltiere. Mit wem paarte sich die erste, aus der Lotterietrommel des unbeschreiblichen Zufalls gezogene Kreatur? Soll ein denkender Mensch ernsthaft erwarten, daß sich in der Nachbarschaft des ersten Viehs zufälligerweise gleichzeitig mehrere zu ihm passende Geschlechtspartner aufhielten? Es gehört zum kleinen Einmaleins der Fortpflanzung, daß nur Paare sich vermehren können. Gott sei Dank, möchte ich einfügen. Die Mutation *einer* Kreatur, der veränderte Chromosomensatz *eines* Lebewesens ist für die Katz'. Unvorstellbar, daß sich zwei *gleiche* Mutationen *gleichzeitig* abspielten, unabhängig voneinander, und daß sich die Tiere – männlich und weiblich voneinander entfernt – auf dem großen Erdenrund zufälligerweise auch noch gleichzeitig begegneten!

Was trieb unser erster, häßlicher Urahn in seiner Einsamkeit? Was meldeten seine Zellen für eine Chromosomenzahl? Mit wem konnte er sich paaren? Diesen Urdrang muß er ja wohl entwickelt haben, weil seine Linie sonst schon ausgestorben wäre, ehe er überhaupt Fuß gefaßt hätte.

Die Evolutionsgläubigen durchschlagen diesen gordischen Knoten mit dem Glauben an die gleichzeitigen Mutationen bei Zwillingen und/oder den sogenannten »Zwischenstufen«. Was ist damit gemeint?

Ein hominides Weibchen wirft Zwillinge, Brüderchen und Schwesterchen paaren sich, und schon haben wir eine neue Linie. Dies bedeutet Inzucht, knallhart und unzweideutig, denn andere Hominiden mit derselben Chromosomenzahl standen zur Paarung nicht zur Verfügung. Es wird noch schlimmer: Inzucht multipliziert die im genetischen Code aufgedrückten Fehler, es führt kein Weg daran vorbei. (Wer von einem Original eine Fotokopie anfertigt, und von der Fotokopie wiederum eine Fotokopie, und stets wieder aus der Kopie eine neue Kopie zieht, wird bald merken, daß die x-te Kopie unbrauchbar ist.)

Der Versuch mit den »Zwischenstufen« bringt noch weniger. Prof. Dr. Dr. Dr. Wilder-Smith, der seinen ersten Doktorhut in organischer Chemie erhielt und ganz gewiß zu den qualifizierten Wissenschaftlern zählt, erläuterte es in einem Beispiel:

»Die auf dem Wege einer Evolution entstehenden Zwischenstufen würden keinen Zweck erfüllen können, da sie vollkommen nutzlos sind. Als Beispiel möge die komplexe Struktur dienen, welche das Walweibchen besitzt, um seine Jungen unter der Wasseroberfläche zu säugen, ohne sie dabei zu ertränken.

Man kann sich keine intermediäre Entwicklungsstufe auf dem Wege von einer gewöhnlichen Zitze bis hin zur voll entwickelten Walzitze denken, die an das Unterwassersäugen angepaßt ist. Sie war entweder komplett vorhanden oder sie war es nicht.

Die Felsbilder der australischen Ureinwohner zeigen ›Wandina‹, die Himmelsgöttin, in ihrem Strahlengewand, Kimberley-Berge, Nordwestaustralien.

Wenn man meint, ein solches System entwickle sich allmählich aufgrund von Zufallsmutationen, dann bedeutet das, während der Tausende von Jahre langen Entwicklungsperiode alle Walsäuglinge zu einem wäßrigen Grab zu verurteilen. Bei der Erforschung eines solchen Systems die Planung zu leugnen, strapaziert unsere Gutgläubigkeit mehr als die Aufforderung, an einen intelligenten Zitzenkonstrukteur zu glauben, der übrigens auch noch auf dem Gebiet der Hydraulik recht gut Bescheid gewußt haben muß.«

Mit diesen Argumenten müßte eigentlich das ›Ende der Fahnenstange‹ erreicht sein. Nein, erschallt der Aufschrei derjenigen, die auf Teufel-komm-raus an der alten Meinung kleben. Der Wal, so sagen sie, sei schließlich ein Säugetier, das ursprünglich auf dem Lande gelebt habe und erst später ins Wasser gewatschelt sei. Das macht die Argumentation noch fadenscheiniger. Welch tollkühnen Standortwechsel mutet man dem Säuger zu, der am Land seine Kinder zur Welt brachte und sich allmählich – zitzenbewehrt!! – in die Fluten begibt, um dort unter Wasser seine Jungen zu säugen. Phänomenal! Wohlverstanden, *daß* der Wal als Säuger eben diesen Platzwechsel vorgenommen haben muß, bleibt unbestritten – nur eben nicht in einer langsamen und stetigen Veränderung, sondern sehr plötzlich.

Die »Zwischenstufen« lösen das Problem der numerischen Chromosomenveränderung nicht. Sofern es »Zwischenstufen« überhaupt je gegeben hat. Sir Fred Hoyle bezeichnet die Funde von »Zwischenstufen« in den versteinerten Fossilien rundweg als Legende, Hoyle [8]:

»Diese Behauptungen (über die Zwischenstufen, EvD) sind allerdings um so zurückhaltender, je höher die wissenschaftliche Qualität einer Arbeit ist... Wenn man hartnäckig bleibt und die geologische Literatur durchforscht, stößt man allmählich auf die Wahrheit: Die Versteinerungen sind als Dokumente für den Darwinismus nicht wegen der Unfähigkeit der Geologen so unzureichend, sondern weil die langsamen Übergänge in der Evolution, wie sie die Theorie fordert, gar nicht stattgefunden haben.«

Bei dieser Bestandsaufnahme kann einem schwindlig werden. Lieber kurz schwindlig als sich ein ganzes Leben lang etwas vorschwindeln zu müssen. Wenn keine stetige und langsame Veränderung der Lebensformen und ihres Verhaltens stattfand, wo liegt dann die Causa, was verursacht die Veränderungen?

Geister gehen um

Jahrzehntausende, und diese Zeitabgründe sollten wir nie aus den Augen verlieren, blieb der Mensch Jäger und Sammler. Dann muß ihn wohl plötzlich ein heiliger Ruck erfaßt haben, und er beschloß in seinen grauen Zellen, Zeichnungen und Ritzungen an die Fels- und Höhlenwände zu kritzeln. Das liegt ja schließlich auf dem Highway der Evolution – oder?

Verblüffend ist nur, daß unsere tumben Vorfahren dies gleich global erledigten. Die Felsritzung (Petroglyphe) ist eine weltweite Kunstform, zelebriert von Völkern, die nichts voneinander wußten, wissen konnten. Ob an den Felswänden des Tassili-Gebirges in der Sahara (Algerien), ob im fernen Jemen, ob im Dschungel des Mato Grosso (Brasilien) oder an den Küsten Südchiles. Von Hawaii bis Zentralchina, von Sibirien bis Südafrika ›kleben‹ Bildergrüße von Steinzeitmenschen, ›Postkarten‹ aus einer fernen Vergangenheit. In den wenigsten Fällen kennen wir die Stämme, welche die Felsen bekritzelten, und so kommt denn so manches Steinzeitvolk posthum zu einem Namen, getauft von der Wissenschaft unserer Zeit.

Wie viele Felszeichnungen mag es weltweit geben? Es müssen Abermillionen sein. Selbst kleine Inseln und höchste Berge warten mit Petroglyphen auf; es gibt sie im eiszeitlichen Alaska wie an den glühenden Felswänden der Kimberley-Berge Australiens. Woher kam das weltweite Kommando: Freunde, die Felsbildkunst ist angebrochen!

Die steinzeitlichen Nomaden müssen sich wohl weltweit

gelangweilt haben. Sie hockten herum, ihr Griffel war eine Steinspitze, ihr Notizblock die Felswand. Da überkam sie das Bedürfnis, Informationen weiterzureichen. Grundsätzlich wäre nichts dagegen einzuwenden, wären da nicht zwei Phänomene, die uns stutzig machen müßten:
a) das globale Auftreten,
b) dieselben Motive.

Symbolforschung gehört zu den Gebieten, die von manchen Frühgeschichtlern nicht allzu ernst genommen werden. Und wenn sich schon einer an die zeitraubende und mühselige Arbeit macht, Felsbilder zu reproduzieren und zu deuten, dann tut er es immer in einem geographisch eher beschränkten Gebiet. Es fehlt an der grenzüberschreitenden, an der globalen Sicht. Vor fast 30 Jahren versuchte Oswald O. Tobisch, ein vielgereister Mann, wenigstens 6000 Zeichnungen in ein geordnetes System zu bringen. Seine Entdeckungen, in langen Vergleichstabellen aufgelistet, sind atemberaubend [14]. Tobisch wies weltweit Verwandtschaften nach, geradeso, als ob es einst eine gemeinsame Urkultur oder ein gemeinsames Urwissen gegeben habe.

30 Jahre nach der Veröffentlichung von Tobischs Buch existieren Bildbände und Broschüren über unzählige Petroglyphen [15-23], gibt es Vergleichsmaterial in Hülle und Fülle. Auch sind in den letzten Jahren internationale Gesellschaften gegründet worden, deren Mitglieder sich der Felsbildkunst verschrieben haben. Beispielsweise die österreichisch-schweizerische GE-FE-BI, das ist die Gesellschaft für vergleichende Felsbildforschung, die hervorragendes

Rechte Seite: ›Wandina‹-Darstellung aus den Kimberley-Bergen, Australien. Hervorzuheben sind der Strahlenkranz und die Bekleidung.

Material sammelt und publiziert. Freilich sind die Millionen von Felszeichnungen nicht zur selben Zeit entstanden, oft (aber nicht immer) liegen Jahrtausende dazwischen. In anderen Fällen sind *dieselben* Felswände über Zeiträume von Jahrtausenden stets von neuem bearbeitet worden. Dennoch bleibt das erstaunliche Faktum der *gleichzeitigen* Bekritzelung von Felsen an weit voneinander entfernten Orten.

Ob in Toro Muerto, Peru, wo Zehntausende von Felsbilder liegen, oder dem italienischen Val Camonica, ob am Karakorum Highway, Pakistan, oder auf dem Colorado Plateau der USA, ob in Paraiba, Brasilien, oder im südlichen Japan, immer wieder tauchen dieselben Symbole und Figuren auf. Nun möchte ich nicht bestreiten – wer könnte das –, daß von Ort zu Ort auch stets typisch lokale Darstellungen eingeritzt wurden, die es anderswo nicht gibt – dennoch bleibt das Rätsel der Gemeinsamkeiten.

Bei Steinzeitmenschen, egal, wo sie lebten, werden wohl stets Jagdszenen dargestellt, und auch die Sonne, der Mond, Kreise, Strichmännchen, Handflächen oder Zeichnungen aus dem Ackerbau gehören zum selbstverständlichen Alltagsbereich. Kurios wird es erst, wenn Gestalten unisono mit denselben Attributen versehen werden, als ob eine Buschtrommel die Schwingungen über alle Kontinente getragen hätte: Götter sind die mit den Strahlen!

Diese ›Götter‹ sind in den meisten Fällen größer geraten als die üblichen Männchen. Ihr Haupt ist immer mit einem ›Heiligenschein‹ geschmückt, aus dem oft Strahlen schießen. Dann wieder werden gewöhnliche Menschen in respektvollem Abstand von den ›Göttern‹ gezeigt, kniend, am Boden liegend oder die Hände hochhaltend. Was nur veranlaßte unsere eben dem Affen entronnenen Vorfahren zu ihren gemeinschaftlichen Ansichten? Besuchten die vorgeschichtlichen Künstler dieselbe Akademie? Oder nahmen sie vielleicht an einer internationalen Tagung für Felsbildkunst teil?

Carl Gustav Jung oder Sigmund Freud mögen für das Rätsel das gemeinsame Unterbewußtsein, eine kollektive Vision oder die Tiefe der Psyche bemühen. Doch scheint mir, daß Oswald Tobisch, der Sachkenner und Weltreisende, mit seiner Vermutung der Lösung des Unbegreiflichen wohl näher gekommen ist [14]:

»Gab es einstmals doch eine Einheitlichkeit des Gottesbegriffes von einer für heutige Anschauungen geradezu unfaßlichen Internationalität, und stand die Menschheit jener Zeit vielleicht noch im Kraftfeld der ›Uroffenbarung‹ des einen und allmächtigen Schöpfers?«

Sie waren clevere Tausendsassas, unsere Steinzeitler! Entweder trichterte ›Engel Erde‹ ihnen die gemeinsame Botschaft ein, oder die globale Nachricht tickerte von außen in die erwachenden Gehirne, oder aber die Steinzeitler haben alle dasselbe gesehen, bewundert, gefürchtet und an die nachfolgenden Generationen weitergereicht. Wie hätten wir's denn gerne? So oder so bleiben als unbestreitbare Tatsache die mysteriösen Kunstwerke aus einer Zeit, als das internationale Telefonnetz noch keine Bildvorlagen aus den Fax-Geräten spuckte. Die wenigen Bildvergleiche in diesem Buch sprechen für sich.

3. KAPITEL

DIE GEBURT
DER TECHNIK?

> »Unter den Menschen gibt es mehr
> Kopien als Originale.«
> *(Pablo Picasso, 1881–1973)*

Was ich auf den vorangegangenen Seiten zur Diskussion stellte, mag Verblüffung erwecken, Ärger oder Erstaunen hervorrufen, und doch ist es die Einleitung zu einer unglaublichen Geschichte. Die nächste Runde wird vom Gong für den Grabgesang eingeläutet.

Nachdem unsere Vorfahren endlich die Kultur erfanden, Felszeichnungen ritzten und kleine Kunstgegenstände anfertigten, lernten sie den Respekt voreinander. Die Erkenntnis der Ungleichheit des Menschen war identisch mit der Geburtsstunde der Hochachtung. Einer, der prächtige Felsbilder anfertigte, besaß andere Fähigkeiten als einer, der Mammutzähne ausbrach. Der eine mag muskulös, etwas gröber gebaut, tollkühn und tapfer gewesen sein, der andere feingliedriger, sensibler, weniger Draufgänger und Praktiker. Damit ist nichts über den Stellenwert gesagt, die gebährende Mutter wird vermutlich – wie diverse Figürchen von sogenannten ›Muttergöttinnen‹ belegen – ganz oben auf der ›Rangliste der angesehenen Berufe‹ figuriert haben.

Die Hochachtung vor Stammesangehörigen mit bestimmten Fähigkeiten schuf die Verehrung, und die Verehrung führte in gerader Linie zum Grabbau. Es war nicht mitanzusehen, wie der Leichnam einer geliebten oder geachteten Person von Geiern und Hyänen zerfleischt und die Knochen zerbrochen wurden. Also begann die Sippe, ihre Toten zu verscharren. Mit glänzenden, traurigen Augen starrten die Zurückgebliebenen auf die Stelle, in welcher der Geliebte im Boden lag. War das alles? War wirklich nichts mehr von ihm übrig? Ehrfurchtsvoll betastete man die wenigen Fellfetzen, Werkzeuge oder Kunstgegenstände, die der Gestorbene zurückgelassen hatte. Allmählich erwuchs eine Totenverehrung, ein Totenkult, der frühe Mensch begann sich Gedanken über den Tod hinaus zu machen. Könnte der Dahingegangene vielleicht anderswo weiterleben? Verpuppte sich nicht die Raupe, um im Frühjahr als Schmetterling aufzuwachen? Würde der aus dem Totenreich Zurückkehrende vielleicht nach seinen Waffen, Werkzeugen, Kleidern und Lieblingsgegenständen verlangen?

Man begann, die Hingeschiedenen feierlich zu begraben, höhergestellten Personen Alltagsgegenstände mit in die Grube zu legen. Der Boden war hart, die Steinwerkzeuge ungeeignet, es reichte nicht für eine tiefe Gruft, und Tiere scharrten immer noch Leichname an die Oberfläche. So entstand die Idee, Steinplatten über die Begräbnisstätten zu legen, und schließlich entstanden daraus die ersten, kleinen Dolmen.

Die Errichtung von Dolmen ist eine global nachweisbare Tatsache – nur haben Dolmen nichts Geheimnisvolles oder Rätselhaftes an sich. Noch nicht. Ich kenne kleine Dolmen in allen Kontinenten, Europa ist übersät davon. Der Dolmen als Schutzraum für Verstorbene wuchs aus einem natürlichen Bedürfnis heraus... bis, ja bis in irgendeinem Jahrtausend irgendwann vor Christus eine neue ›Modewelle‹ den Globus erfaßte: Die Menschen begannen, astronomisch ausgerichtete ›Superdolmen‹, von denen wir nicht mit Bestimmtheit versichern können, sie seien überhaupt je als Grabstätten erdacht worden, aufzutürmen.

Der neue Virus – Megalithitis

O Gott, wäre New Grange doch das einzige ›Ganggrab‹ der Welt! Wie simpel und logisch wäre die Antwort. Bliebe der Lichterzauber, das Strahlenwunder, wenigstens auf Irland oder Xochicalco in Mexico beschränkt, ich hätte keinen Grund, nachzuhaken und auf Ungereimtheiten hinzuweisen. Doch der Wink des Zauberstabes: Baut gigantische, mit den Gestirnen verbundene ›Hünengräber‹, wurde rund um die Erde vernommen. Allein im Gebiet des Golfes von Morbihan (Bretagne, Frankreich) sind 135 von insgesamt 156 Dolmen auf die Sommer- oder Wintersonnenwende hin ausgerichtet. Ich bin versucht zu sagen, ›an den unmöglichsten Orten‹, sozusagen ›weitab vom Schuß‹ entstanden astronomische Megalithanlagen, ›Ganggräber‹, überdimensionierte Dolmen, Einzelmenhire auf hervorragenden Visierpunkten und Menhir-Kolonnen, ausgerichtet in einer geometrischen Präzision, die schwer unter den großen, steinzeitlichen Hut passen wollen.

Gewiß, seit dem Neandertaler war das Gehirnpotential für jede wissenschaftliche Erkenntnis vorhanden. Aber: Der

Neandertaler/Cro-Magnon-Mensch und seine Nachfahren haben genauso zum nächtlichen Himmel gestarrt, die Sterne bewundert, den Mond angegafft und die Jahreszeiten erlebt wie der Megalithiker im Jahre X. Nur übten sich des Neandertalers Nachfahren gleich *jahrtausendelang* im Sternengucken, während dem Megalithiker die wissenschaftliche Astronomie, Geometrie und Mathematik sozusagen über Nacht einfiel, und er mit der linken Hand auch noch die Technik des Transportes und der Aufrichtung von Großsteinen erfand. In jener schwer datierbaren Zeit müssen im Maschinenpark des menschlichen Gehirns einige neue Motoren angeworfen worden sein. Die grauen Zellen begannen zu denken, zu rechnen und zu kombinieren.

Der Einwand, derartige Erkenntnisse seien langsam von den Vorfahren auf die nachfolgenden Generationen übergegangen und »über Nacht« sei gar nichts entstanden, widerspricht den steinernen Tatsachen. Es gab damals keine Schrift, keine Bibliotheken, in denen das Wissen vermehrt werden konnte, und Weltreisende, die ihre Erfahrungen austauschten, sind auch vom höchsten Mastkorb aus nicht zu erblicken. Der ›Steinzeitler‹ kam zu seinen Erkenntnissen wie die Jungfrau zum Kind.

Angesichts der ›Internationalität‹ der Megalithkulturen wage ich provokante Fragen: Sind frische Gene in das ›System Mensch‹ eingespeist worden? Lagerten uralte Gene mit neuen Botschaften im Festlandeis? Stellte ›Engel Erde‹ diese uralten/neuen Informationen durch Abschmelzen des Eises zur Verfügung? Oder: Wurden die Megalithiker gar von außerirdischen Lehrmeistern beeinflußt?

Wo soll man mit der Auflistung des Unmöglichen beginnen?

Der kleine Dolmen entstand als natürliches Grab. Ein Beispiel aus den französischen Pyrenäen.

Europa ist der Stammsitz von Hunderten von Dolmen. Ein Beispiel aus Dänemark.

Dem bereisten Westmenschen ist der Name Stonehenge geläufig, er sah schon Bilder von den Menhirkolonnen in der französischen Bretagne, las vielleicht etwas über Dolmen und Ganggräber in Dänemark, oder er streifte im Sommerurlaub ein megalithisches Bauwerk in Spanien, auf Menorca oder den Kanarischen Inseln. Das liegt ja alles vor der Haustüre. Otto Normalbürger weiß nichts – kann nichts wissen, woher auch? – über die Megalithkulturen Perus oder Sri Lankas, Nordamerikas oder Indiens. Alleine in Südindien existieren etwa 1500 megalithische Grabungsfelder, dazu noch einige Hundert im restlichen Indien bis ins Hochland von Kaschmir hinauf.

Was meint man eigentlich mit dem Begriff ›megalithisch‹? »*Lübbes Enzyklopädie der Archäologie*« [24] erklärt dazu: »Megalithen: Bauwerke, Grabanlagen und Steinsetzungen aus großen Steinblöcken (von griechisch: *megas* = groß und *lithos* = Stein). Es gab kein Megalith-Volk, sondern megalithisches Brauchtum bei vielen Völkern und Stämmen.«

Unsichere Daten

So ist es. Folgerichtig gibt es auch keine eingeschränkte Megalith*zeit*. Wer irgendwo in der Welt große Steinblöcke bearbeitete, transportierte und aufrichtete, tat dies in *seiner* Megalithzeit, wann immer das war. Es gibt megalithische Tempel, die nicht sicher datierbar sind, andere, die um 2000 v. Chr. entstanden, und wiederum andere, die sogar im letzten Jahrhundert ihren Standplatz fanden. Bei meiner Betrachtung geht es stets um die *ältesten* Steinsetzungen. Alles, was jünger als 5000 Jahre ist, interessiert hier nicht, weil in jüngeren Epochen die gegenseitige Beeinflussung der Völker zu groß war. Man ›übernahm‹ das Brauchtum von anderen.

Die Datierung von Megalithen ist ein besonderes Reizwort. Wie, um alles in der Welt, kommen Archäologen zu ihren Jahreszahlen? Bei Vorträgen höre ich immer wieder, das Alter dieser oder jener Probe lasse sich doch ›leicht‹ mit der berühmten C-14 Methode festnageln. Um es gleich ins Gehirn zu hämmern: Steine lassen sich damit *nicht* datieren. Die C-14 Methode fußt auf dem Zerfall des radioaktiven Kohlenstoffisotops 14 und funktioniert daher nur bei *organischen* Materialien (Knochen, Holzkohlen, Textilien usw.).

Nun verfügen auch Steine über eine geringe Menge an Radioaktivität, die aus der Atmosphäre stammt. Diese Radioaktivität befindet sich in einem ständigen Zerfall – die Strahlung verringert sich – und bewirkt dadurch eine Veränderung des atomaren Gitters. Die ›Löcher‹ in diesem Gitter werden augenblicklich durch Ionen und Elektronen ersetzt, wobei die Elektronen ihre Lage erneut ändern, sobald dem Stein Energie zugeführt wird.

Dieses Wissen aus der Physik führte zu einem neuen Verfahren der Altersbestimmung – zur Thermolumineszenz-Analyse. Die zu untersuchende Probe wird erhitzt (Energie wird zugeführt), die Elektronen reduzieren ihre Energie auf ein niedrigeres Niveau und geben die Energiedifferenz in meßbarer Strahlung ab.

Das Verfahren ist auf Tonscherben oder Stein anwendbar. Die freigesetzte Strahlungsmenge steht in direktem Verhältnis zur ursprünglichen Radioaktivität, denn die Verfallszeiten radioaktiver Strahlung sind bekannt.

Sollen die Elektronen hingegen in ihrem ursprünglichen Niveau gemessen werden, dann bedient man sich der Elektronenspinresonanz, abgekürzt ESR. Man setzt den Stein einem magnetischen Feld aus, und wieder ergibt sich eine meßbare, elektromagnetische Strahlung, die Rückschlüsse auf das Alter zuläßt.

Alle diese wunderbaren und scharfsinnigen Gehirnen entsprungenen Meßmethoden kranken an einem Grundübel. Gesucht ist eine ursprüngliche feste Meßgröße, denn irgendwo in der Vergangenheit muß der Spezialist schließlich mit der Zählung beginnen können.

Über die allein seligmachende C-14 Methode spottete ich schon vor 24 Jahren. Ihre »feste Meßgröße« ist die Voraussetzung, daß sich zu allen Zeiten überall auf dem Erdengrund *gleichviele* C-14-Isotopen befanden. Und wenn dem nicht so ist? Wenn die Atmosphäre zu verschiedenen Zeiten und an verschiedenen Orten eine andere als die angenommene Menge C-14 enthielt? Dann würden die präzisen und inzwischen technologisch ausgereiften und hochsensiblen ›C-14-Uhren‹ falsche Resultate liefern.

Genau dies ist anerkannt worden. Die Fachleute versuchen deshalb, C-14-Messungen durch zusätzliche Altersbestimmungen sicherer zu machen. An raffinierten Geräten und ausgetüftelten Arbeitstechniken fehlt es nicht.

So lassen sich heute quarzhaltige Steine mit Hilfe starker Magnetfelder und Hochfrequenzstrahlen recht genau datieren. Die Methode beruht auf dem ESR-Verfahren und nutzt die Erkenntnis, daß kein Quarzkristall genau gleich aufgebaut ist wie der andere. Im Laufe der Jahrzehntausende entstehen durch die ionisierende Alpha-Strahlung aus der Atmosphäre regelrechte Defekte im Kristallgitter. Mal fehlt ein Sauerstoff-, dann wieder ein Siliziumatom. Je älter der Quarz, desto fehlerhafter seine Struktur. Im Labor werden die Quarzproben einer künstlichen Alpha-Strahlung ausgesetzt, wobei die Intensität so lange zunimmt, bis eine Sättigungsgrenze erreicht ist, die sich mit der natürlichen Radioaktivität am Fundort vergleichen läßt [25]. Die Fachleute versichern, damit ließen sich Quarzkristalle bis auf 1,5 Milliarden Jahre zurückdatieren [26]. Wer mehr über die modernen Datierungsmethoden wissen möchte, halte sich an das Buch von Josef Riederer, *»Archäologie und Chemie – Einblicke in die Vergangenheit«* [27].

Soweit – so großartig. Man weiß also, wie alt ein quarzhaltiger Stein ist. Ärgerlicherweise lassen sich daraus aber keine zwingenden Angaben ableiten, *wann* der betreffende Stein künstlich bearbeitet wurde. Hier liegt die Crux!

Den Spezialisten gelang Erstaunliches: Sie konnten zweifelsfrei feststellen, daß die Monolithen von Stonehenge tatsächlich aus den 220 Kilometer entfernten Prescelly-Bergen in Wales stammen. Durch Gesteinsschliffe, die dünner als ein Film sind, und durch mikroskopische Untersuchungen wurden die Größe, die Art und sogar die Anordnung von Mineralien im Gestein analysiert und mit den Felsen am vermuteten Ursprungsort verglichen. Wie sagt der Kriminalist? Identität geklärt – Alter umstritten.

Ozonloch vor 10 700 Jahren?

Gefragt ist letztlich nicht das Alter des Gesteins an sich, gefragt ist das *Datum der Gesteinsverarbeitung*. Auf welche

»feste Größe« ist hier definitiv Verlaß? Da stießen Klimaforscher, die den Eispanzer in Südgrönland untersuchten, auf ein verwunderliches Resultat: Vor 10 700 Jahren, so stellten sie zweifelsfrei fest, erfolgte eine abrupte Klimaveränderung. Nicht kontinuierlich und gemächlich, wie man es sich vorgestellt hatte, sondern innerhalb weniger Jahrzehnte muß sich die Lufttemperatur über Grönland um volle sieben Grad Celsius erwärmt haben. Diese plötzliche Klimaveränderung ließ sich nicht nur klipp und klar aus den Eisbohrkernen feststellen, sondern sie fand ihre Bestätigung auch an vergleichsweise untersuchten Calcitsedimenten in der Schweiz. Was das alles mit den alten Steinen zu tun hat?

Während der letzten Eiszeit wurden riesige Mengen von kontinentalem Staub, doch auch von Vulkanasche und Meteoritenmaterial gebunden, sozusagen vom Eis festgehalten. Die nachfolgende, abrupt eintretende Warmzeit schwemmte dieses Material frei, gab es zudem in die Atmosphäre ab. Dadurch veränderte sich die Strahlungseinwirkung der Ionen, möglicherweise wurde die Umwelt mit zusätzlicher radioaktiver Strahlung belastet, die vorher nicht vorhanden war. Unsere »festen Größen«, die Ausgangsbasis der Altersbestimmung, gerieten wieder mal durcheinander. Übrigens: Die Ursache für die plötzliche Eisschmelze ist unbekannt.

Auch die gesichertsten Daten kleben an den Erkenntnissen der Gegenwart, und diese Erkenntnisse können morgen überholt sein. Bei megalithischen Anlagen habe ich mir eine Faustregel zurechtgelegt, die in den meisten Fällen sticht: *Je gigantischer – desto älter.* Zwar widerspricht dieser Grundsatz rigoros der Evolution der Technologie, bewährt hat er sich trotzdem. Nach der landläufigen Vorstellung müßten

›die Steinzeitler‹ eigentlich ganz bescheiden angefangen haben, klein-klein, Steinchen auf Steinchen. Die megalithischen Zeugen bekunden das Gegenteil: *erst* gewaltig – *dann* mickrig. Dazu paßt nur der Sponti-Spruch des Monats: In Wirklichkeit ist die Realität ganz anders!

Sklaventreiber in Indien

Östlich der Stadt Dharwar im indischen Gliedstaat Karnataka liegt eine Hochebene mit dem Durgadadi-Hügel und dort, erreichbar auf einer Naturstraße, das Gräberfeld von Hirebenkal. Da liegen Hunderte von kleinen Steingräbern, Miniaturdolmen, meist nach Osten ausgerichtet, und dann, nur einige hundert Meter westlich davon, eine Landschaft der Giganten, ein Panorama aus einer unverstandenen Welt. Steinerne Pilze wachsen aus dem Boden, auf vier Meter hohen Monolithen ruhen Fünf-Meter-Platten aus Granit, als wären es Tische für Riesen. Zwischen umgestürzten Menhiren, überdimensionierten Granitblöcken, abgespaltenen Felsungetümen und zerbrochenen Platten die Reste von ehemaligen Steinkreisen. Eine verrückte Welt!

Irgendwann müssen sich Techniker und Astronomen der Steinzeit die Gegend zum Übungsplatz ausgesucht haben. Niemand weiß, wann dies geschah. Freilich werden Datierungen vorgenommen, die auf eine sehr junge Zeit zwischen 300 und 800 v. Chr. hinweisen, doch bedeutet dies wenig.

Folgende Doppelseite: Weitab von Europa, in Südindien, der große Dolmen von Vengupattu.

Die Ergebnisse beruhen auf ›Second-hand-Objekten‹, auf Knochen und Textilien also, die zu einer Zeit deponiert wurden, als die ursprünglichen Baumeister längst verschwunden waren. Zudem stelle ich vor Ort immer eine Diskrepanz zwischen westlichen und indischen Gelehrten fest. Archäologen aus den Industrienationen neigen dazu, die gesamte indische Frühgeschichte – inklusive der alten Megalithbauwerke – auf wenige Jahrhunderte vor Christus zu datieren. Einheimische Gelehrte hingegen datieren die Ursprünge ihrer Megalithanlagen viel weiter in die Vergangenheit zurück. Oft werde ich das Gefühl nicht los, als ob im westlichen Denken der alte Kolonialismus mitschwingt: Ach, diese Inder! Die *können* doch gar nichts Älteres vorzeigen als wir!

Und ob sie es können! Bei Savanadurga, das ist ein heiliger Ort unweit der südindischen Stadt Bangalore, liegen astronomisch ausgelegte Steinkreise, oft in Zweier- oder Dreierformationen gestaffelt. Dann wieder gigantische, umgestürzte Menhire, die jeden Vergleich mit den riesigen Steinfiguren bei Carnac, Frankreich, aushalten. Und selbstverständlich, wie könnte es anders sein, megalithische Gräber, abgedeckt durch gewaltige und schwere Plattformen und ausgerichtet nach der aufgehenden Sonne am Tag der Winter- oder Sommersonnenwende. Ob in Savanadurga, New Grange oder anderswo, der Lichterzauber wurde am selben Tag auf allen Kontinenten zelebriert. Weihnachten allüberall! Dr. E. O. Tillner, ein qualifizierter Fachmann, der die indischen Steinsetzungen aus gründlichen Studien kennt, vermutet hinter den »Kammern mit Licht« eine »Wiederkehr oder Wiedergeburt, das Weiterwirken des Toten, der hier in der ›steinernen Gebärmutter‹ ruht« [28]. Tillner meint, der Gedanke an die Wiedergeburt könnte mit der wiederkehrenden Sonne in Verbindung gebracht werden.

Warum eigentlich nicht, bin ich versucht zu fragen. Nichts Genaues weiß man nicht, die Sonne muß wohl allen Megalithikern denselben Gedanken unter die Schädeldecke gebrannt haben.

Es macht wenig Sinn, die Megalithzentren Indiens aufzulisten, denn das Spiel mit Steinen wiederholt sich, als ob dieselben Vorlagen verwendet worden seien, dieselben Lehrmeister unterwiesen hätten. Dr. Tillner berichtet über Megalithbauten mit Steinkreisen beim Dorf Karanguli (südlich von Madras), »die viele bretonische Megalithbauten an Wuchtigkeit weit übertreffen [28]«. In Indien gibt es Dolmen und Menhire zuhauf, astronomisch ausgerichtete Kammern und Ganggräber und sogar »in sternförmigem Verband angelegte Anhäufungen von Megalithbauten«. Zeugen einer nie verstandenen Vergangenheit.

Was für Sklaventreiber zwangen die Menschen zu ihren Transportleistungen? Warum nur mußten Riesensteine über viele Kilometer – oft Hunderte! – gezerrt, bugsiert, gerollt werden, um dann am Punkt x als Dolmen oder Grabkammer, Menhir oder Steinkreis einen Parkplatz für Jahrtausende zu finden? Weshalb dieser Krampf? Steine liegen ja fast überall in der Landschaft herum, schließlich hätte man zur Verehrung irgendeiner Stammesgröße auch kleinere Brocken aufeinanderschichten können. Die urfleißigen ›Megalithiker‹ müssen allesamt vom selben Trieb geleitet worden sein. Global und phänomenal!

Die Überreste eines Steinkreises auf Sulawesi, Doraja-Land, nördlich von Makale.

Weltumspannende Fluglizenzen

In Xochicalco, Mexico oder New Grange, Irland, sind die megalithischen Sonnenanlagen mythologisch mit der fliegenden Schlange oder dem Sonnengott verbunden. In Indien, wo sich die heutigen Inder überhaupt nicht vorstellen können, wie derartige Schwertransporte zu bewältigen sind, schiebt man die übermenschlichen Leistungen, Dämonen, Göttersöhnen oder Zauberern in die Schuhe.

Der unermüdliche Frühgeschichtler Dr. Tillner hielt fest, daß der Großdolmen von Vengupattu bei Arconam (bei Madras, Indien) bei den dortigen Anwohnern »Pandavaraja Temple« – »Tempel der Pandavas« – genannt wird. Tatsächlich verknüpft die Legende diverse Großanlagen Südindiens mit dem Affenkönig Hanuman und/oder den Pandava-Brüdern. Der Affenkönig Hanuman spielt eine Hauptrolle im indischen Heldenepos »*Ramayana*«, er war technisch wohlausgerüstet – eben: ein Zauberer – und verfügte gar über diverse Flugapparate. Diese Texte im »*Ramayana*« lassen an Eindeutigkeit wenig Spielraum, denn die himmlischen Fahrzeuge des Affenkönigs (und anderer Beteiligter) sind sehr farbenprächtig beschrieben. Sie sollen vorne spitz gewesen sein, einen Rumpf gehabt haben, der wie Gold glänzte, und erreichte hohe Geschwindigkeiten. Nach den Beschreibungen im »*Ramayana*« enthielten diese himmlischen Fahrzeuge verschiedene Kammern und kleine, mit Perlen besetzte Fenster. Im Innern befanden sich bequeme, reich dekorierte Räume. Die unteren Stockwerke waren mit Kristallen verziert und alle Innenräume mit glänzenden Belägen und Teppichen ausgeschmückt. Sie konnten zwölf Personen und zusätzliche Lasten transportieren und starteten am Morgen in Lanka (Ceylon) Richtung Ayodhaya. Die Distanz von 2280 Kilometern legten sie (mit zwei Zwischenlandungen) in neun Stunden zurück. Dies entspricht einem Stundenmittel von 320 Kilometern. Nicht schlecht für mythologische und damit auch megalithische Zeiten!

Im Nationalepos »*Mahabharata*« wird von den Kämpfen der beiden verfeindeten Dynastien Pandava und Kaurawa erzählt. Es gab vier Pandava-Brüder und eine Prinzessin, die allesamt über schnelle und geräumige Flugapparate verfügten. Es muß eine herrliche Zeit der fliegenden Paläste und Weltraumschiffe gewesen sein, denn im 3. Kapitel des »*Sabhaparvan*«, das ist ein Bestandteil des »*Mahabharata*« wird gar mitgeteilt, wie für den ältesten der Pandava-Brüder eine regelrechte Weltraumstadt gebaut wurde. Als Yudhisthira, einer aus dem Pandava-Clan, sich beim Erbauer der Weltraumstadt erkundigte, ob es noch andere Weltraumstädte gebe, erfuhr er Erstaunliches. Ähnliche Städte bewegten sich permanent im All, versicherte der Konstrukteur, und seien mit allen Vorrichtungen für ein bequemes und sicheres Leben ausgerüstet. Über Yamas Weltraumgebilde ist nachzulesen, es sei von einer weißen Wand umgeben gewesen, die ständig glitzerte. Sogar die Ausmaße dieser Weltraumstädte, die am Firmament ihre Bahn zogen, sind überliefert [29].

Nun wissen wir, daß es nach Auffassung der Fachgelehrten weder ein Megalithvolk noch eine Megalithzeit gab. Was aber, wenn die verschiedenen, voneinander unabhängig lebenden Völker *ihre* Megalithzeit aus den gleichen Motiven heraus starteten? Die weltweite Verwandtschaft von Mythen und Legenden verknüpft alle Megalithbauten mit übernatürlichen Wesen. Normale Menschen trauen ihren Artgenossen keine Tollheiten wie die megalithischen Großtransporte zu. Der angeborene Hang zur Bequemlichkeit sitzt zu tief. Stirnrunzeln ist dennoch angezeigt, weil die mit Megalithen verquickten Sagengestalten – natürlich! – stets auch am Firmament herumgondeln. Mit weltumspannenden Fluglizenzen, versteht sich! Mir ist sternenklar, daß die Verbindung zwischen Mythos und Megalithbauten für einen Normalarchäologen unzulässig ist, denn das eine ist greifbare und fotografierbare Realität, das andere schwebt wie ein unbeweisbares Märchen im Raum. Es war schon immer der beliebteste Trick des Teufels, zu verkünden, er existiere gar nicht.

Ist denn der Mythos nicht erst durch den Realitätsverlust, das Augen-Verschließen, zur unglaublichen Geschichte avanciert? Die Überlieferungen wucherten von Generation zu Generation, und wir so klugen Gegenwartsmenschen wollen nicht mehr verstehen, was einst alltäglich war. Für einen wie mich gehört die irdische und außerirdische Fliegerei in vorgeschichtlichen Zeiten zum normalen Bestandteil des Wissens. Da mir die Arroganz abgeht, die menschliche Art als ›das Größte‹ im Universum zu empfinden, können mich auch vorgeschichtliche Flieger und außerirdische Besucher nicht kränken. Zumindest in diesem Punkte weiß ich mich in bester Gesellschaft mit allen gebildeten Indern.

In den indischen Epen und Weden gibt es die göttlichen Zwillinge Ashvins, welche die Erde in einem blanken Himmelswagen umrundeten. Da ist der lächelnde Sonnengott Surya, der von seinem Himmelsgefährt aus Kundschafterdienste für die Götter übernahm, der aus großer Distanz al-

les sah und deshalb – gleich wie das ägyptische Horus-Auge – als ›göttlicher Spion‹ in die Literatur einging. Da ist der Lotosgeborene Agni, Besitzer von einem Lichterwagen, »golden und leuchtend anzusehen« [30]. Da ist Garuda, der Fürst der Vögel, der dem Gott Vishnu zur schnellen Fortbewegung diente, Bomben warf, Feuersbrünste löschte und bis zum Mond flog. Da ist Vishvakarma, einer der Konstrukteure im himmlischen Fuhrpark der Götter... und... und usw.

Man sollte sich im Jahre 1991 nicht mehr darauf herausreden, dies alles seien unüberprüfbare Legenden, die mit Indien oder gar den weltweiten Megalithbauten gar nichts gemeinsam hätten. Daß es sich um viel mehr als legendäre Phantasie handelt, beweisen die technischen Einzelheiten, beweist die antike Literatur mit ihren Beschreibungen der Details dieser Fluggeräte. Der Sanskritprofessor Dr. Dileep

Der große Steinkreis von Mzora in Nordwestmarokko besteht aus 167 Monolithen und ist von einem Wall aus Erdreich umgeben. Der östliche Eingang wird durch einen fünf Meter hohen Obelisken markiert.

Kumar Kanjilal hat diese Fakten kürzlich klipp und klar vorgestellt [29].

Und auch mit den ›großen Steinen‹ hat der Mythos sehr wohl etwas zu schaffen. *Wir* bezeichnen einen einzelnen, aufrecht stehenden Monolithen mit dem Wort ›Menhir‹. Das ist keltisch und bedeutet ›langer Stein‹. Die alten Inder sahen im ›langen Stein‹ ein ›Lingam‹. Das Wort beinhaltet mehrere Auslegungen. Es kann ein ›Merkmal‹ oder ein ›männliches Glied‹ sein, doch bedeutet es in einer ursprünglichen Sinngebung eine ›Säule aus Feuer‹. Die Feuersäule wiederum ist eng an die göttlichen Fluggeräte gekoppelt. Logo?

Plädoyer für das Mögliche

Ich solidarisiere mich mit den Neugierigen, weil die alten Antworten hohl sind. Wäre England – beispielsweise – mit Steinkreisen bepflastert, es könnte mir egal sein. Dann hätte wohl das kranke Gehirn eines steinzeitlichen Diktators befohlen, Spielwiesen mit Riesensteinen anzulegen, ja, und weil kein Diktator unkopiert bleibt, eiferten ihm andere Wahnsinnige nach und peitschten ihre Bevölkerungen zu gleichen Taten auf. So ungefähr sollen über viele Jahrhunderte Steinkreise in England, Irland, Schottland und später auf dem Kontinent entstanden sein. Eine europäische Steinpest. Das aber stimmt nicht. Steinkreise gibt es außer in Europa und Indien auch in Afrika, im fernen Australien und Japan, auf pazifischen Inseln sowie in Nord- und Südamerika.

Einige Beispiele für Steinkreise:
- der Steinkreis von Brahmagiri liegt südlich der Flüsse Narmada und Godavari in Südindien,
- der große Steinkreis von Jiwaji liegt im Distrikt Raichur, Indien,
- die Steinkreise von Karanguli liegen im Distrikt Madurantakam südlich von Madras,
- der Steinkreis von Nioro du Rip liegt in der Provinz Casamance, Senegal, Afrika,
- der Steinkreis von Sillustani liegt auf der peruanischen Seite des Titicaca-Sees,
- der Steinkreis von Ain es-Zerka liegt in Ostjordanien,
- die Steinkreise von Ajun-uns-Rass liegen im Steppenhochland von Nedsch in Saudi-Arabien,
- der Steinkreis von Australien liegt südwestlich der Wüste Emu auf 28″ 58′ Breitengrad Süd und 132″ 00′ Längengrad Ost,
- mehrere Steinkreise liegen auf der südlichen japanischen Hauptinsel sowie bei Nonakado auf der Insel Hokaido,
- der Steinkreis von Quebrada liegt an der peruanisch-ekuadorianischen Grenze bei Queneto,
- der Steinkreis von Naue liegt auf der Insel Naue, die zur Gruppe der Tongareva-Inseln gehört,
- diverse Steinkreise, bekannt unter dem Namen ›medicine wheel‹, liegen in den USA und Kanada,
- mehrere kleinere und größere Steinkreise liegen beim Yerhauda-Gebirge im Innern der Libyschen Wüste,
- der große Steinkreis von Mezora (auch: M'Zora oder Mzoura geschrieben) liegt in Nordmarokko zwischen den Städten Larache und Tétouan,

– ein kleiner Steinkreis von 72 Metern Durchmesser liegt auf dem Kleinen St. Berhardpaß (2188 m) auf der Grenze zwischen der Schweiz und Italien,
– der Steinkreis von Wesiory liegt in Nordpolen,
– der Steinkreis von Znamenka liegt in der Minusinker Steppe, Sowjetunion,
– der Steinkreis von Terebinthe liegt am Westufer des Sees Genezareth zwischen Tiberias und Safed,
– der Steinkreis von Ke'te-kesu liegt nordöstlich von Makale auf der Insel Sulawesi, Indonesien.

Diese Auflistung ist durch und durch unvollständig, leicht ließen sich vierzig langweilige Buchseiten damit füllen. Ich möchte verbindlich zu den Akten geben, daß Steinkreise und andere megalithische Ungereimtheiten nichts Regionales sind... und auch, daß diese Anlagen mit der Überlieferung, sei sie nun mystisch oder heilig, in Verbindung stehen. Heilig? Die »*Veden*« sind für den gläubigen Inder heilige Schriften. Selbst das »*Alte Testament*« berichtet über die Aufrichtung von Steinen:

»Da taten die Israeliten so, wie Josua geboten hatte: sie hoben zwölf Steine aus dem Jordan auf, wie der Herr zu Josua gesagt hatte, nach der Zahl der Stämme Israels, und nahmen sie mit sich hinüber nach dem Lagerplatz und legten sie dort nieder. Zwölf Steine aber richtete Josua auf im Jordan, an der Stelle, wo die Füße der Priester gestanden, welche die Bundeslade trugen; die sind dort geblieben bis auf den heutigen Tag« (»*Buch Josua*«, 4, 8–9 ff.).

Läßt sich überlesen, daß der Befehl für diese Aktion vom »Herrn« kam? *(...wie der Herr zu Josua gesagt hatte...).* »Der Herr« muß wohl irgendein Interesse an der Förderung von Steinmetzen gehabt haben, vielleicht auch wollte er an den Ufern des Jordan nur eine Erinnerungsmarke zurücklassen. Könnte ein himmlisches Kommando auch andernorts der Auslöser für die seltsame Schufterei gewesen sein?

Ich weiß es nicht. Das ist ein simples Eingeständnis. Und trotzdem läßt sich belegen, daß einst doch so etwas eine wie immer geartete ›Megalithkultur‹ existierte... daß diese ›Megalithiker‹ auf mehreren Hochzeiten gleichzeitig tanzten... daß ihr bautechnisches, geometrisches, mathematisches und astronomisches Wissen ihrer Zeit um Jahrtausende voraus war... und daß ›irgendwer‹ sogar die Ländereien vermessen haben muß.

Das alles ist ein bißchen viel auf einmal. Doch nur keine Hast! Die Welt ist weit und das Gehirn eng. Man kann ein Kreuzworträtsel nur Karree um Karree auflösen. Und ›Engel Erde‹ wird auch noch ein Wörtchen mitreden wollen.

4. KAPITEL

DIE ZUKUNFT DER ARCHÄOLOGIE LIEGT IN TRÜMMERN

»Mancher faßt sich an den Kopf und greift ins Leere.«
(Graffiti)

Für mein vorangegangenes Buch *»Die Augen der Sphinx«* beschäftigte ich mich ausgiebig mit den alten Historikern. Das waren Herren, die vor rund 2000 Jahren (oder etwas mehr) lebten und aus ihren damaligen Quellen Geschichtsforschung betrieben. Es sind emsige Rechercheure und angesehene Zeitgenossen gewesen, diese Historiker, sie bereisten ihre Welt, befragten Zeugen, sichteten Dokumente, zogen logische Querverbindungen und brachten ihre Erkenntnisse in dicken Rollen zu Pergament. Aus dem Studium dieser Bücher prägte sich eine Einsicht unauslöschlich in meinen Verstand: *das Alter der menschlichen Geschichte.*

Ob es der griechische Geograph Strabon (um 63 v. Chr. bis 26. n. Chr.) war oder der römische Geschichtsschreiber Cajus Plinius Secundus (61–113 n. Chr.) ob der Babylonier Berossos (um 350 v. Chr.) oder der Grieche Herodot, der im Juli 448 v. Chr. Ägypten besuchte und den Titel ›Vater der Geschichtsschreibung‹ trägt, ob sein Vorgänger Hekataios (um 550–480 v. Chr.) – oder der griechische Dichter Hesiod (um 700 v. Chr.), ob der phönizische Geschichtsschreiber Sanchuniathon (um 1250 v. Chr.) oder der uns näher liegende Diodor von Sizilien, der im 1. Jahrhundert v. Chr. immerhin ein vierzigbändiges Geschichtswerk hinterließ – es spielt keine Rolle, *wen* ich als Zeugen anführe. Ich könnte die alten arabischen und indischen Historiker dazunehmen, meinetwegen die altbabylonischen Königslisten und die biblischen Daten vor der Flut: Die Bilanz bleibt dieselbe. Sie alle berichten über Ereignisse, die zehntausend und mehr Jahre vor ihrer Zeit zurücklagen.

Unmöglich? Kaum. Die altehrwürdigen Gelehrten zitieren exakte Regierungsdaten von längst vermoderten Herrschern, fügen in ihren unglaublichen Listen gar Monate und Tage auf und wissen offensichtlich sehr genau, von welchen Quellen sie sie übernehmen. Ein einziges vergleichendes Beispiel aus *»Die Augen der Sphinx«* sei mir verziehen:

In seinem ersten Buch behauptet Diodor von Sizilien [31], die alten Götter hätten *alleine in Ägypten viele Städte gegründet, auch in Indien* seien von ihnen Städte gegründet worden. Die Götter erst hätten die Sprache gegliedert und Worte gelehrt, wofür man bis dahin noch keinen Ausdruck hatte.

Welche Datumsangaben vermeldet denn Diodor:

»Von Osiris und Isis bis zur Herrschaft Alexanders... seien mehr als 10 000 Jahre verflossen, sagen sie, – wie einige aber schreiben, gar nur ein geringes weniger als 23 000 Jahre.«

Wenige Seiten später, im 24. Kapitel, berichtet Diodor vom Kampf der olympischen Götter gegen die Giganten. Der aufmerksame Diodor hält den Griechen vor, sie irrten

Das Pseudograb des Gottes Osiris in Abydos, Ägypten. Niemand kennt das Enstehungsdatum.

sich, wenn sie die Geburt des Herakles nur eine Generation vor dem Trojanischen Kriege angäben, denn dies wäre zur Zeit der ersten Entstehung des Menschen geschehen. »Von dieser an nämlich würden bei den Ägyptern mehr als 10 000 Jahre gezählt, seit dem Trojanischen Krieg aber nicht einmal ganz 1200.«

Diodor weiß sehr wohl, wovon er spricht, denn er vergleicht die Daten sogar mit seinem eigenen Ägypten-Besuch. So vermerkt er im 44. Kapitel, ursprünglich hätten über Ägypten Götter und Heroen geherrscht... »von Menschenkönigen aber sei das Land regiert worden... nicht viel weniger als 5000 Jahre bis zur 180. Olympiade, in welcher ich selbst nach Ägypten gekommen bin.«

Genug der Wiederholungen! Über die Zahlenangaben bei

den alten Historikern ist viel debattiert worden – etwas Gescheites kam nie heraus. Mancher Gegenwartsmensch wird eben ganz winzig, wenn ihn die Geschichte unter die Lupe nimmt. Wer mag schon klein sein?

Die megalithische Hafenstadt

Wenn... wenn die Daten nur einigermaßen stimmen, ...wenn einst Götter herumschwirrten...... wenn die Götter Menschen unterwiesen, Städte gründeten und den Menschen die Schrift beibrachten...... dann müßten diese Götter, wer immer sie waren, ja irgendwo residiert haben. Dann müßten auch Spuren vorhanden sein, welche die Handschrift der Götter tragen. Es müßte auf dem weiten Erdenrund Dinge geben, die nicht in die damalige Zeit passen, die sich mit dem entwicklungsgeschichtlichen Niveau der dem Affen entronnenen ›Steinzeitler‹ nicht vereinbaren lassen. Es müßte aus heiterhellem Himmel ein mathematisches, astronomisches und bauhandwerkliches Wissen nachweisbar sein, das vor dem Götterbesuch nicht existierte. Die Welt müßte, um im Bild zu bleiben, angefangen haben zu spinnen. Es müßte eine Steinzeitreligion ausgebrochen sein, deren Wellen noch jahrtausendelang nachhallten. Wo sind diese Spuren?

Die unbekannte Vergangenheit

Im nördlichen Oberägypten liegt die Tempelstadt Abydos. Ihr Ursprung reicht in vorgeschichtliche Zeiten zurück. Bekannt ist, daß bereits im alten Reich (um 2500 v. Chr.) in Abydos der Mehrzweckgott Osiris verehrt wurde. Dieser Osiris war einer der göttlichen Lehrmeister, der die steinzeitlichen Menschen in verschiedenen Belangen unterwies, womöglich gar in der Himmelskunde. Aus Abydos nämlich stammt die Darstellung eines Kalenders, der ins 4. Jahrtausend v. Chr. zurückreicht.

Irgendwer im Jahre 4760 v. Chr. muß den alten Ägyptern einen Kalender mit 365 Tagen verpaßt haben, der so gar nicht in die ägyptische Sothis-(Sirius-)Rechnung paßte. In seinem 1989 erschienenen Buch *»Studien zur ägyptischen Astronomie«* vermutet der Ägyptologe Christian Leitz gar, die Ägypter hätten schon damals den Erdumfang berechnen können.

Ob's stimmt oder nicht, eines beherrschten die Ägypter von allem Anfang an: den Umgang mit präzise zugeschliffenen Granitmonolithen. Die Architekten von Abydos errichteten ihrem Gott Osiris nämlich ein Grab – pardon, ein Pseudograb, denn es wurde nichts darin gefunden –, das seinesgleichen sucht. Die monolithischen Überreste dieses Grabes sind heute noch in einer Grube hinter der Tempelwand von Abydos zu bestaunen. Ihr sagenhaftes Alter ist unbestritten, denn das Scheingrab von Osiris liegt acht Meter unter dem Fundament des späteren Tempels. Niemand kann verbindlich erklären, seit wie vielen Jahrtausenden die Ruinen im Wüstensand steckten, aber jedermann kann se-

Lixus, Marokko. Was aus der Distanz wie ein natürlicher Fels aussieht, entpuppt sich bei genauerer Untersuchung als bearbeitetes Felsenlabyrinth. Der gerade noch sichtbare Dolmen beweist es.

hen, daß die Jahrtausende den Monolithen nichts anhaben konnten. Sie sehen aus wie neu. Die gewaltigen Stützpfeiler und Querbalken stehen in der Grube, als wären Trilithen (Dreisteine) aus Stonehenge, England, nach Ägypten importiert worden. Wer waren – damals schon! – die Lehrmeister?

In der Blütezeit des römischen Imperiums, als die nordafrikanische Stadt Karthago noch nicht dem Erdboden gleichgemacht war, überbauten die Karthager 100 Kilometer südwestlich der heutigen Stadt Tanger eine alte Hafenstadt. Sie tauften sie Lixus – ›die Ewige‹. Der Grund für diese Benennung? Lixus wurde auf den gewaltigen Ruinen eines phönizischen Außenpostens errichtet. Die Phönizier, das große Seevolk der Antike, hatten den Ort schon um 1200 v. Chr. besiedelt. Keineswegs aus einer wolkigen Laune heraus! Bereits die Phönizier stießen nämlich vor Ort auf die Überreste einer undatierbaren Megalithkultur, die mit imposanten Steinblöcken umgegangen sein muß wie Klein-Fritzchen mit Spielzeug. Die Hafenmole war mit kolossalen Quadern tapeziert, als Schutzwall dienten Hunderte von riesigen und künstlich bearbeiteten Granitfelsen. Selbst das römische Lixus integrierte in seinen Bauwerken Steine aus der alten, wuchtigen Megalithpracht. Thor Heyerdahl, berühmt geworden durch seine Pazifiküberquerung mit dem Floß »Kon-Tiki«, startete seine spätere Atlantikfahrt mit dem Papyrusboot »Ra« nördlich von Lixus. Aus gutem Grund: Dort nämlich wirkt die starke Strömung des atlantischen Kanarenstromes, der jedes Schiff mit einem Minimum an Kraft nach Zentralamerika schwemmt. Heyerdahl hat das Staunen noch nicht verlernt. Über die Megalithen von Lixus schrieb er [32]:

Lixus. Weder die Römer noch die Phönizier waren Dolmenbauer.

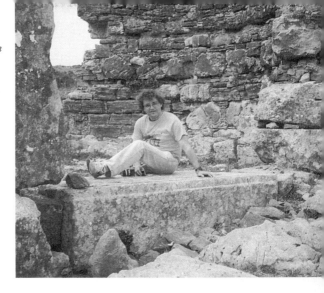

Die Römer bauten ihr Lixus – die Ewige – auf uralten Fundamenten.

»...Steine in verschiedener Größe und Form zugeschnitten, aber immer mit vertikalen und horizontalen Seiten und Ecken, die genau ineinanderpaßten, wie die Steine eines gigantischen Puzzlespieles, selbst wenn die Blöcke so viele rechtwinklige Unregelmäßigkeiten aufwiesen, daß die Umrisse manchmal zehn- und zwölfeckig statt rechteckig hätten sein können. Diese spezielle, in der Welt sonst unbekannte und unnachahmliche Technik begann ich nun als eine Art Signatur zu betrachten...«

Beweise?

Außerhalb des eigentlichen Stadtkernes von Lixus liegen ganze Wälle von überwucherten, seltsamen Gesteinsformationen, die auf Anhieb wie gebrochener Naturfelsen ausse-

Lixus. Einst bearbeitete, heute verwitterte Megalithen zeugen von der ursprünglichen Wucht.

hen. Erst eine nähere Prüfung entlarvt die einstige Bearbeitung. Und unten, am Strand, findet man mit viel Glück und bei Ebbe noch vereinzelte Quader der Hafenmauer. Gerd von Haßler, Altertumsforscher und Schriftsteller, schrieb [33]:

»So blieben die Urmauern eines Atlantikhafens erhalten, der in unserer Kuriositätensammlung einen wichtigen Platz einnimmt. Seine Steinquader sind weder hinwegzudiskutieren noch in der Zeit herumzuschieben. Lixus liegt fest: kein marokkanisches Fischerdorf, kein römischer Tempelplatz, kein phönizischer Handelsposten. Ein vorgeschichtlicher Seehafen.«

Dieses Lixus hat seine Geheimnisse bis heute nicht preisgegeben. Nach einer von Plinius überlieferten Legende soll Lixus ursprünglich ein Herkules-Tempel gewesen sein, und darum herum lag der vielbegehrte »Garten der Hesperiden«. Das waren die singenden Nymphen, Töchter von mehreren Göttern, darunter des Atlas und des Zeus, und neben den täglichen Nymphenchören hatten sie einen Hain mit goldenen Äpfeln zu bewachen. Freilich wurden die Goldäpfel später geklaut, dabei tötete Herakles die Wunderschlange Ladon, die eigentlich zur Unterstützung der Hesperiden abkommandiert war. Die Geschichte um den »Garten der Hesperiden« greift tief in die Kiste der Mythologie, in ihr finden sich verschiedene Elemente der späteren Paradies-Story mit Adam und Eva und dem folgenschweren Apfelbiß.

Unweit von Lixus, zwischen Lasache und Tétouan, liegt auch der megalithische Steinkreis von Mzora (auch M'Soura, M'Zora oder Mzoura geschrieben). Er besteht aus 167 Monolithen und ist von einem rund sechs Meter hohen Wall umgeben. Steinkreise mit Ringwällen sind nichts Seltenes. Der große Kreis von Mezora ist leicht elliptisch, die Längsachse beträgt 58 Meter, die Breite 54 Meter. Am westlichen Eingang thront ein fünf Meter hoher Obelisk, und mehrere Megalithen weisen künstlich herausgehobelte Schälchen auf. Man nennt diese Art von Steinen mit den unzähligen kleinen Löchern, die in ganz bestimmten Formationen ausgerichtet sind, Schalensteine. Es gibt sie über die ganze Welt verstreut, Europa ist führend in Schalensteinen. Mehrfach konnte in diesen »Schälchen« ein astronomischer und geographischer Bezug nachgewiesen werden. Unbestritten ist, daß diese »Schalensteine« zu den ältesten Informationsträgern der Erde zählen, auch wenn jede Erklärung dafür fehlt, weshalb sie in derart weit voneinander entfernten Ländern anzutreffen sind.

Es gibt Menschen, die sind so unbestechlich, daß sie nicht mal Vernunft annehmen. Bei Lixus sind in den Fels eingedrückte Rillen gefunden worden, die schienenartig parallel verlaufen. Ein ›Schienenpaar‹ versinkt im Atlantik...

Megalithische Geleise

»...Im Westen der Provinz Valencia, Spanien, liegt der Kalksteinberg ›Cuevas del Rey Moro‹ und oben, auf der Plattform, die Ruinen einer megalithischen Stadt. Sie trägt den Namen Menga und wird wohl nur deshalb von keinem antiken Historiker erwähnt, weil sie bereits vor Jahrtausenden verlassen war. In Meca ist ein ganzes ›Straßenbahnnetz‹ von ›Gleisen‹ entdeckt worden. Die einheitliche Spur beträgt 1,60 Meter. Die ›Gleise‹ sind 20 Zentimeter breit und bis 15 Zentimeter in den Fels gedrückt [34]...

...Das ausgedorrte Wüstenland südlich der lybischen Städte Bengasi und Tobruk heißt Cyrenaika. Dort liegt auch, 400 Meter über dem Meer, die alte Stadt Cyrene. Nach der Legende soll sie vom Riesen Battos erbaut worden sein. Und der muß wohl Karren geschoben haben, denn die ›Gleisspuren‹ sind heute noch unübersehbar...«

Uwe Topper, Schriftsteller und Pädagoge, berichtet über uralte ›Gleise‹ bei Cadiz, Spanien [34]: »...auf dem Riff, das täglich sechs Stunden unter Wasser liegt, kann man bei Ebbe ein Stück Geleisstraße von etwa 100 Metern Länge sehen! Die Spurbreite mißt 1,60 Meter wie in Meca. Im Laufe der nächsten Tage fanden wir noch weitere Reste. Stets verlaufen sie vom Hafen La Caleta zur Oberstadt...«

Die prähistorischen Gleise auf Malta werden von den Einheimischen Cart-ruts genannt.
Sie verlaufen parallel, nehmen enge Kurven und verzweigen sich wie auf einem Rangierbahnhof.

Über das vorgeschichtliche Schienennetz auf den Inseln Malta und Gozo habe ich in *»Prophet der Vergangenheit«* ausführlich berichtet. Das Buch ist vergriffen, hier, worauf es ankommt: Malta und Gozo sind überzogen von einem ›Gleisnetz‹. Die Einheimischen nennen sie geringschätzig ›cart ruts‹. Der Tourist, der zum ersten Male über die Gleise schreitet, mag flüchtig denken, es handle sich um stillgelegte Streckenführungen ehemaliger Eisenbahnlinien, aus denen die Schienen entfernt wurden. Tatsächlich ist der spontane Gedanke an Gleise naheliegend. Bei genauerer Untersuchung der Bodenrätsel erweist sich dann rasch, daß die Malta-Gleise ein einziges, prähistorisches Rätsel sind.

Es können keine Gleise im üblichen Sinne des Wortes gewesen sein, denn die Spuren der parallel verlaufenden Rillen sind nicht nur von Gleis zu Gleis verschieden, sie ändern sich sogar im Verlaufe eines einzelnen Stranges. Das ist besonders eindrücklich zu beobachten südwestlich der alten Hauptstadt Mdina, im Raume von Dingle. Dort massieren sich die Gleise wie auf einem großen Rangierbahnhof.

Es sind wirklich kuriose ›Gleise‹: sie führen durch Täler, klettern Hügel hinauf, oft verlaufen mehrere nebeneinander, dann vereinigen sie sich überraschend zu einer zweigleisigen Strecke, um plötzlich und unberechenbar kühne Kurven zu nehmen.

Über Maltas ›Gleise‹ gibt es eine Fülle von Spekulationen – und keine endgültigen Antworten. Waren es Karrenspuren? Nein, die unterschiedlichen Spurbreiten lassen dies nicht zu. Zudem gibt es sehr enge Kurven mit tiefliegenden Rillen. Kein Karren war um die Kurve zu bugsieren.

Sind auf Malta einst die Lasten für die vielen Megalithtempel auf Schlitten mit Kufen transportiert worden? Nein,

Schlittenkufen sind noch starrer als die Achsen von Rädern. Sie wären im Gewirr von Spurbreiten und schmalen Kurven hängengeblieben.

Haben die Ureinwohner von Malta ihre Lasten auf einer Art von ›Astgabel‹ deponiert und durch Zugtiere durch die Gegend zerren lassen? Nein, die Astgabel war starr, sie änderte ihre Kratzspurbreite nicht. Zudem müßten dann auch die Trampelpfade der Viecher, welche die schweren Lasten zogen, im Kalksteinfelsen nachweisbar sein.

Erfanden die Urmalteser Fahrzeuge, die auf Kugellagern aus Stein rollten? Obschon auf Malta Kugeln mit Durchmessern zwischen sieben und 60 Zentimeter gefunden wurden, funktioniert diese Rätsellösung nicht. Alle maltesischen Inseln bestehen aus Sand-, Kalksteinen und Tonen, weichem Steinmaterial also. Auch die gefundenen Kugeln sind aus Kalkstein. Schon eine Tonne Gewicht würde sie platt wie Pfannkuchen quetschen. Außerdem: Kugeln, gleich welchen Formats, würden eine gewölbte Kehlung zurücklassen und keine spitzen Rillen.

Was alles ist noch diskutiert worden? Die ›Gleise‹ seien ein Kult, ein Kalender, ein Leitungssystem für Wasser, eine Schrift...usw. Es gibt eine Fülle von Erklärungen, doch wenn man nur ein bißchen an der Oberfläche der schönen Fassade kratzt, ist der Lack ab, und die ganze Fadenscheinigkeit gähnt einen an. Ich halte die Malta-Gleise für einen exemplarischen Fall archäologischen Fehldenkens und will auch gleich sagen, weshalb keine Rechnung aufgehen kann:

Folgende Doppelseite: Auf der kleinen Insel Malta und der winzigen Nachbarinsel Gozo liegen dreißig megalithische Tempel. Hier die Anlage von Hagar Quim. Kurioserweise führen die vorgeschichtlichen Gleise nicht auf den Tempel zu.

Schienen unter Wasser

An manchen Küstenabschnitten, so in der St. George's Bay und südlich von Dingle, führen die Gleise zielstrebig ins blaue Wasser des Mittelmeeres! Dann wieder enden sie jäh an einem steil abfallenden Riff. An diesen Stellen muß der Felsen mitsamt den Gleisen abgerutscht sein.

In der Fachliteratur las ich, die ›Gleise‹ seien in der Bronzezeit entstanden. Wirklich toll! Dann müssen die Gleisbauer intelligente Fische gewesen sein. Oder bastelten sie sich vielleicht Taucheranzüge aus Bronze - mit Schnorcheln, hölzernen Luftpumpen und Klarsichtscheiben, die ihnen die Schürfarbeit am Meeresgrund ermöglichten? Und wieso, darf gefragt werden, überhaupt ›Schienenstränge‹ unter Wasser? Auf Malta, auf Gozo, bei Cadiz, bei Lixus?

Hart gefragt, tritt man die Flucht ins Ungewisse an. Man windet sich in faulen Kompromissen, man weiß nicht ein noch aus, man steht vor den ärgerlichen Tatsachen und traut sich nicht, den einzig logischen Schluß konsequent zu vertreten:

Die Unterwassergleise müssen entstanden sein, als der Meeresspiegel noch niedriger lag. That's it! Wo heute Wasser ist, war damals keines. Damals? Wann war damals? Vor ziemlich genau 10 700 Jahren! Heiliger Diodor von Sizilien, steh' mir bei! Damals, so ist doch nun wirklich mit modernsten wissenschaftlichen Methoden unzweideutig geklärt worden, erwärmte sich das Klima sowohl im Polareis als anderswo abrupt um sieben Grad. Ich weiß auch nicht, wo die Ursache für diese plötzliche Klimaheizung zu suchen ist. Vielleicht zerstörten Raumschiffe und Weltraumstädte ohne Katalysatoren den Ozonschild. Mit oder ohne Spott bleibt die Tatsache der Klimaerwärmung und der damit gekoppelten Eisschmelze. (Eine neue Eiszeit mit erneutem Abschmelzen der Eismassen soll seit 10 700 Jahren – so sagen die Fachleute – nicht mehr stattgefunden haben.) Der Meeresspiegel hob sich, ob im Atlantik – Lixus! Cadiz! – oder im Mittelmeer. Die einstmals auf trockenem Boden liegenden ›Gleise‹ versanken in den Fluten.

Laßt Fakten sprechen!

Das Datum ist festgenagelt, und keine psychologischen Barrieren oder Schöngeisterei können das Rad der Zeit umkehren. Schon vor 10 700 Jahren – mindestens! – müssen ›Megalithiker‹ gewirkt haben. Ob es ins archäologische, politische oder religiöse Weltbild paßt oder nicht.

Auf Malta liegen 30 Megalithtempel. Von Holzresten, die beim Tempel von Hagar Qim gefunden wurden, sind C-14-Datierungen gemacht worden. Resultat: 4000 Jahre v. Chr. Die Gelehrten nehmen an – was wird nicht alles angenommen –, der Tempel von Hagar Qim sei phönizischen Gottheiten gewidmet gewesen. Um 4000 v. Chr.? Seltsam. Damals existierten doch die Phönizier noch gar nicht. Zudem haben die ›Gleise‹ wenig mit den Monstertempeln zu tun. Wenn auf den ›Gleisen‹ die Lasten für die Tempelbauer transportiert worden wären, müßten die ›Schienen‹ logischerweise zu den Tempeln führen. Aber gerade diesen Gefallen tun sie uns nicht. Die 30 Tempel sind kreuz und quer über die Insel verstreut, und ebenso kreuz und quer führen die ›Gleise‹ daran vorbei. Was war zuerst da – die Tempel oder die Gleise?

Mit Sicherheit einige Gleise – siehe Meerwasserspiegel. Vielleicht auch einige Tempel, das ist eine Frage der richtigen Datierung an den richtigen Objekten mit den richtigen »festen Größen« und der richtigen Absicht, den Schleier ohne Rücksicht auf andere Lehrmeinungen zu heben. Wir werden zwar alle als Originale geboren, und sterben doch oft als Kopien. Sprachen die alten Historiker nicht unisono von Ereignissen, die über 10 000 Jahre *vor ihrer* Zeit zurücklagen? Sind die uralten Hafenanlagen von Lixus nicht auch bei Ebbe vom Meerwasser umspült? Führen einzelne Gleisstränge bei Cadiz und auf Malta nicht unter den Meeresspiegel? Spricht die globale Mythologie nicht von Lehrmeistern, welche die tumben Menschen unterwiesen?

Tatsachen werden verlangt. Wunderbar! Auf Tatsachen würde ›die Wissenschaft‹, was immer das sein mag, positiv reagieren. Herrlich! Als steinalter ›Tramp zwischen den Wissenschaften‹ habe ich längst gelernt, daß auch Tatsachen gesiebt werden, daß an ihnen gefeilt und geschabt wird, bis plötzlich, wie das Kaninchen aus dem Hut, alles wieder paßt und man zum alten Tratsch zurückkehren kann. Dabei verehre ich unsere Archäologen, Anthropologen und all die anderen blitzgescheiten und integren ... ologen, nur scheinen sie oft nicht aus ihrem vorgestrigen Modell heraus zu können, es sei denn, nur innerhalb der trägen Langsamkeit einer Generation.

Irgendwer errichtete vor über 10 000 Jahren einen Atlantikhafen bei Lixus, und irgendwer benötigte aus irgendeinem Grunde vor 10 000 Jahren gleisartige Rillen auf Malta. Beides bedeutet Planung, und die wiederum setzt eine

Die Hälfte des Steinkreises auf dem Inselchen Er Lannic (Bretagne, Frankreich) liegt unter Wasser. Ein zweiter Steinkreis, der mit dem ersten in einer Acht verkettet ist, liegt sieben Meter unter dem Meeresspiegel.

Schrift voraus. Das reicht noch nicht. Da ist eine angewandte Technik vonnöten, die Detailausführung der Quader bei Lixus (und anderswo) beweist es.

Weiter: Die Steinmassen müssen vermessen und transportiert worden sein. Das heißt: Geometrische Fähigkeiten und Transportorganisation. Die Megalithen – Tausende! – mußten mit irgendwelchen Werkzeugen bearbeitet werden. All dies zielt letztlich auf ein ›Oberkommando‹ vor Ort, mindestens ein ›Chef‹ mußte schließlich wissen, was entstehen sollte und wohin die diversen Klötze gehörten. Die Formel ist klar: Schrift + Planung + Geometrie + Arbeitsmethoden + Werkzeuge + Transportorganisation = eine Technik, die unserer ebenbürtig war. Und dafür, es ist nicht zu fassen, sollen die unterentwickelten Jäger und Beerensammler zuständig sein, die kurz vorher noch auf den Bäumen gehockt, in Höhlen vegetiert und sich die Läuse aus dem Pelz geklaubt hatten. Ja, damit ich es nicht vergesse, ihr verrücktes Treiben exportierten sie alsogleich in andere Länder und Kontinente, denn selbstverständlich wußten sie, daß die Meeresströmungen bei Lixus in die ›neue Welt‹ führten. In ihren nächtlichen Kaffeepausen erfanden sie astronomisch ausgerichtete ›Ganggräber‹, das pythagoreische Dreieck, die Zahl Pi, das Pentagramm und andere geometrische Geistesleistungen.

Moment! Wie komme ich denn zu diesen Behauptungen?

Steinkreis auf dem Meeresgrund

Im Golf von Morbihan in der Bretagne, unweit der Stadt Carnac mit ihren Abertausenden von Menhiren, liegen zwei kleine, grüne Inselchen: Gavrinis und Er Lannic. Sie bergen Sensationelles! Auf dem winzigen Eiland Er Lannic liegt ein Steinkreis, genauer gesagt ein schwaches Steinoval von 58 auf 49 Meter Durchmesser, bestehend aus 49 Megalithen. Nur die Hälfte der Megalithen steht auf dem Land, die andere Hälfte badet auch bei Ebbe unter dem Meeresspiegel. Dort, knapp neun Meter tiefer, liegt ein zweiter Steingürtel aus 33 Steinen. Sie sind bei Ebbe und ruhiger See gerade noch erkennbar. Die beiden Steinringe sind wie eine Acht ineinander verschmolzen. Der Ring unter Wasser hat einen Durchmesser von 65 Metern.

Land unter? Mag sein, daß sich das Inselchen im Laufe der

Jahrtausende etwas senkte, aber nicht gerade um neun Meter! Die Antwort ist dieselbe wie oben: Wo einst Land war, ist heute Wasser – Wasser von den abschmelzenden Eismassen. Die Insel Er Lannic ist in Privatbesitz und gleichzeitig ein Vogelschutzgebiet. Deshalb erhalten Touristen selten die einzigartige Gelegenheit, Steinkreise unter Wasser zu beobachten.

Das Nachbarinselchen Gavrinis ruht nur einen großen Steinwurf vom Festland entfernt. Trotzdem empfehle ich niemandem, hinüberzuschwimmen. In der zerklüfteten Meeresspassage herrscht immer eine starke Strömung, ob bei Ebbe oder Flut. Die 750 Meter lange und 400 Meter breite Insel ist von Bäumen umrandet, moosartiges Gras und überall wuchernder Stechginster dämpfen die Schritte, als ob ein

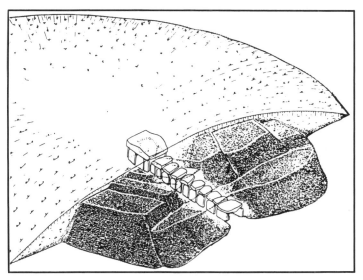

Inselchen Gavrinis, Bretagne, Frankreich.
Der Plan zeigt, welche große Mengen von Stein herangekarrt wurden.

Oben: Der Dolmen liegt unter dem grünen Hügel.
Rechte Seite: Eingang zum Dolmen.
Unten: Der Hauptkorridor besteht aus insgesamt 26 seitlichen Monolithen.

dicker Teppich ausgelegt sei, der geradezu ins Heiligtum führt. Und was für ein Heiligtum! Das ›Ganggrab‹ auf dem kleinen Hügel, gleichzeitig der höchste Punkt des Inselchens, könnte die Mutter von New Grange in Irland gewesen sein, nur noch grotesker, noch abstrakter und mit einer mathematischen Botschaft ausstaffiert, die uns Neunmalkluge sprachlos werden läßt.

Die einheimischen Bretonen wußten immer, daß das Hügelchen künstlich errichtet war und daß darunter ein Schlüssel zum Verständnis dieser unverständlichen ›Megalithzeit‹ ruhte. Erst 1832 wurde der Eingang entdeckt – das ›Grab‹ war leer –, und zwischen 1979 und 1984 hat ein archäologisches Team unter Leitung von Dr. Charles-Tanguy Le Roux die zyklopische Anlage restauriert. Gavrinis ist dramatisch, ist wie ein Phantom aus einer utopischen Welt, es ist obskur, scheint chaotisch und enthält doch die logischste aller Antworten: die Mathematik.

Gavrinis. Damit die Gravuren Schatten bildeten, bewegten wir Kerzen.

Frage an die Wissenschaft: Gab es einst intelligentes Leben in einem Ganggrab? Und was für eine Intelligenz! Wie in New Grange ist auch auf Gavrinis der Hügel künstlich planiert worden. Dann karrte man Unmengen von Steinen diverser Größe an den Bauplatz und schließlich ein paar Dutzend zyklopische Megalithen für das eigentliche ›Ganggrab‹. In Gavrinis besteht selbst der Boden aus künstlichen Platten, die Anlage war für die Ewigkeit gedacht. Muß ich noch einfügen, daß diese Abertausende von Tonnen Gewicht niemals mit Booten vom Festland herübergeschifft werden konnten? Man soll's doch mal versuchen, einen 250-Tonner auf primitive Steinzeitflöße zu verladen! Es gilt die alte Feststellung: Gavrinis entstand, als das Wasser noch nicht da war.

Die von Monolithen flankierte und mit Monolithen abgedeckte Galerie mißt 13,10 Meter. Das ›Heiligtum‹, auch die ›Grabkammer‹ genannt, ist nochmals 2,60 Meter lang, 2,50 Meter breit und 1,80 Meter hoch. Diese Kammer wird von sechs mächtigen Platten gebildet, darüber liegt ein gigantischer Deckenstein mit den Maßen 3,70 auf 2,50 Meter. Insgesamt wurden für das eigentliche ›Ganggrab‹ 52 ›große Steine‹ verbaut, wovon die Hälfte – 26 – mit seltsam erscheinenden Zeichen graviert sind. Da gibt es unzählige Spiralen und Kreise, die ineinander und übereinander fließen, dann eigenartige Furchen, vergleichbar vergrößerten Fingerabdrücken, Schlangenlinien, die oft von einem Monolithen zum nächsten überfließen, und in all dem Wirrwarr einen Stein mit Darstellungen, die an Äxte oder spitz zulaufende Steinfäustlinge erinnern. Eine geheimnisvolle Welt, die je nach Lichteinfall bizarre Schatten auf die kuriosen Muster an den Wänden wirft. Es sind diese Einfurchungen, die spre-

*Gavrinis. Oft zeigen die Gravuren Querstriche und Schlangenlinien ...
... dann wieder stabähnliche Gebilde, wie hier auf dem Monolith Nr. 24.
Rechte Seite: Die Decke der sogenannten Grabkammer besteht aus einer
Platte von 17 Tonnen Gewicht.*

chen. Sie enthalten die mathematische Botschaft, zeitlos und gültig für jede Generation, die rechnen kann.

Herausgefunden hat dies Gwenc'hlan Le Scouëzec [35], ein Bretone und offensichtlich ein mathematisches Genie, obschon er bescheiden meint, die jahrtausendealte Mitteilung sei doch für jeden ganz offensichtlich. Die Zählung beginnt dort, wo in der Mathematik alles beginnen muß, bei eins. Vom Eingang aus gezählt, wird der sechste Stein rechts besonders auffallen; er ist kleiner als alle anderen, ein bißchen erhöht und zeigt die Gravur eines einzigen »Fingerabdruckes«. Nichts anderes, nur einfach die Kreise und Furchen einer »Fingerkuppe«. Es ist der einzige Stein mit nur einem Zeichen. Alle anderen weisen entweder gar keine Gravuren auf oder dann gleich mehrere. Bedeutete »der sechste Stein« die Zahl 6? Sollte damit signalisiert werden, mit welchem System zu rechnen war?

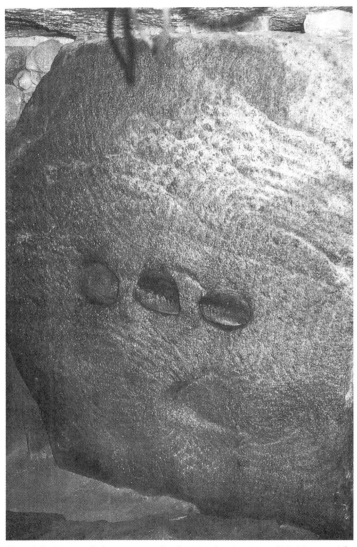

Gavrinis. Vermutlich stammen die drei Löcher im Monolith Nr. 27 nicht von den ursprünglichen Erbauern.

Zahlenkolonnen aus der Steinzeit

Der Umfassungsstein Nr. 21 in der Galerie präsentiert unten einen ›Fingerabdruck‹, dann folgen in drei Reihen übereinander insgesamt 18 axtähnliche, senkrecht von oben nach unten verlaufende Gravuren. Die Zeichen addiert ergibt 18 oder 3 mal 6. Die Multiplikation von 3 mal 4 mal 5 mal 6 ergibt 360 oder 60 mal 6. Die 18 wiederum, die Anzahl der ›Äxte‹, signalisiert den zwanzigsten Teil von 360. Die Zahl ist gleichzeitig der Gradumfang eines geschlossenen Kreises.

3, 4, 5 und 6 hintereinander geschrieben, liest sich im Dezimalsystem 3456. Die Ziffer ist auf dem 21. Monolithen präsent. 3456 geteilt durch 21 ergibt 164,57. Dies wiederum ist der Umfang eines Kreises mit einem Durchmesser von 52,38 Meter. Nichts Besonderes? Auf 52 Grad 38 Minuten genau liegt der südliche Azimut am Tag der Sommersonnenwende für die Position von Gavrinis! Muß ich noch erwähnen, daß das ›Ganggrab‹ selbstverständlich nach dem Sonnenwendpunkt ausgerichtet ist? Noch nicht genug? Wir hatten die Ziffer 3456 durch 21 geteilt, weil 3456 auf dem Monolithen Nr. 21 auftaucht. Das Resultat ergab 164,57, und dies erwies sich als der Durchmesser des Kreises von 52,38 Meter. Was geschieht bei der Teilung der beiden Zahlen? Greifen Sie zum Taschenrechner, es kann nichts anderes herauskommen als: 164,57 : 52,38 = 3,14. Jedem Gymnasiasten ist jetzt der Knopf aufgegangen. 3,14 ist die berühmte Ludolfsche Zahl Pi. Sie zeigt das Verhältnis des Kreisumfanges zu seinem Durchmesser.

Purer Zufallstreffer! wird der Skeptiker rufen, und aus

Gavrinis. ›Fingerabdrücke‹, Rillen und Furchen bilden eine mathematische Botschaft.
Rechte Seite: Der Monolith Nr. 21 ist die Ausnahme. Er präsentiert insgesamt 18 axtähnliche Dreiecke und ermöglicht die mathematische Dechiffrierung.

Zahlen lasse sich manches zurechtbiegen. Na ja, wenn's bei den aufgezählten Beispielen bliebe, wäre ich stumm. Doch wie kann ich schweigen, wenn jahrtausendealte Mitteilungen ignoriert werden, weil sie nicht ins abgesegnete Denkschema passen? Gravinis ist ausgestopft mit mathematischen Beispielen. Hier weitere Kostproben:

Die Anzahl der Megalithen und ihre Position muß Ab-

sicht gewesen sein, denn drei auffallende Gruppen sind ins mathematische System integriert:
a) Die rechte Gangreihe mit zwölf Steinen,
b) die ›Grabkammer‹ mit sechs Steinen,
c) die linke Gangreihe mit elf Steinen.

Die beiden ersten Zahlen 12 und 6 passen ins Schema, die Addition ergibt 18, und genausoviele ›Äxte‹ sind auf dem 21. Monolithen eingraviert. Was aber sollen die Monolithen auf der linken Gangreihe? Die Ziffer 11 paßt überhaupt nicht in eine Sechserreihe. Was also könnte sie in der rechnerischen Struktur aussagen?

Bitte, frischen Sie Ihr Kurzzeitgedächtnis auf! Die immer wiederkehrende Grundzahl war 3456. Teilen Sie die Ziffer durch 11. Das Resultat: 314,18. Wieder die Pi-Zahl. Setzt man zwischen die 3456 ein Komma und dividiert 34,56 durch 11, kann das Ergebnis selbstverständlich nur 3.14 heißen. Gavrinis ist ein Zahlentresor, in dem drei verschiedene, voneinander unabhängige und doch miteinander kombinierbare Rechensysteme integriert sind: ein Sechsersystem mit seinen Vielfachen, ein Dezimalsystem und ein 52iger System mit den Untergrößen 26 und 13. Auf dem 52iger System ist – notabene – der Maya-Kalender und die Maya-Mathematik aufgebaut, was Rückschlüsse auf den Ursprung der Maya-Mathematik zuläßt. Die Absender der Zahlenbotschaft von Gavrinis hatten an alles gedacht. Egal, in welchem Rechensystem zukünftige Generationen arbeiteten, eine intelligente Spezies muß auf jeden Fall über die Lösung stolpern. Integriert in die Datenfülle von Gavrinis ist nicht nur die Zahl Pi, sondern auch pythagoreische Lehrsätze, die Zahl der synodischen Mondumlaufbahn (auf Kommastellen genau!), die Kugelgestalt der Erde sowie die Anzahl der

Erdtage eines Jahres mit 365,25 Tagen. Reicht das noch nicht? Bitte:

Das gesamte ›Ganggrab‹ von Gavrinis besteht aus insgesamt 52 Elementen. Auf dem 21. Stein sind die 18 ›Äxte‹ verewigt. Addiert man 52 + 21, ergibt dies 73. Na und? Die immer wieder auftauchende Grundzahl auf dem 21. Stein betrug 3456. Her mit dem Rechner: 3456 : 73 = 47,34. Jetzt kommt's gleich Knüppeldick: 47° 34′ entspricht der exakten geographischen Länge von Gavrinis! Wer's jetzt immer noch nicht begriffen hat, der braucht Nachhilfestunden.

Gwenc'hlan Le Scouëzec, der den mathematischen Code von Gavrinis knackte, schloß seine beachtliche Leistung mit den Worten [35]:

»Es ist durchaus möglich, daß in der Vielzahl von Berechnungen einige weniger gesichert sind als andere, die nun wirklich entscheidende Bedeutung aufweisen. Andererseits gibt es zuviele Übereinstimmungen, als daß die entscheidenden Gemeinsamkeiten zufällig entstanden sein können.«

Bevor ich mit anderen mathematisch-geometrischen Fakten aus dem Megalithbereich um mich werfe, ein Gedanke, um die Erinnerung aufzufrischen.

Botschaft an Außerirdische

In welcher Sprache würden wir mit ETs kommunizieren, wenn wir sie dermaleinst im intergalaktischen Radio anrufen? Natürlich in der Sprache der Mathematik, denn die Außerirdischen werden wohl kaum Deutsch, Englisch oder Französisch parlieren. Im Dualsystem, dem binären Code aller Computer, lassen sich kinderleicht auch Bilder übermitteln. Ein Beispiel:

```
1 1 1 1 1 0 1 1 1 1 1
1 1 1 1 0 1 0 1 1 1 1
1 1 1 0 1 1 1 0 1 1 1
1 1 1 1 0 1 0 1 1 1 1
1 1 1 1 1 0 1 1 1 1 1
1 1 1 1 1 0 1 1 1 1 1
1 1 1 0 0 0 0 1 1 1 1
1 1 0 0 0 0 0 0 1 1 1
1 1 0 1 0 0 0 0 1 0 1 1
1 0 1 1 0 0 0 0 1 1 0 1
1 1 1 1 0 0 0 0 1 1 1 1
1 1 1 1 0 0 0 0 1 1 1 1
1 1 1 0 0 1 1 0 0 1 1 1
1 1 1 0 0 1 1 0 0 1 1 1
1 1 1 0 0 1 1 0 0 1 1 1
1 1 1 0 0 1 1 0 0 1 1 1
1 1 1 0 0 1 1 0 0 1 1 1
```

Der Umriß eines Menschen wird deutlich erkennbar. Ein einfaches Bild wird durch Zahlen wiedergegeben. Eine etwas kompliziertere Mitteilung an Außerirdische ist seit 1972 unterwegs. Damals starteten die USA ihren Satelliten »*Pioneer 10*«, er hat unser Sonnensystem inzwischen verlassen. Auch die Zwillingssonde »*Pioneer 11*«, die am 6. April 1973 von Cape Kennedy losgeschickt worden war, hat seither über fünf Milliarden Kilometer zurückgelegt und den letzten Planeten unseres Sonnensystems hinter sich gebracht. An Bord – erinnern Sie sich? – liegt auch eine mit Gold beschichtete Platte in den Maßen 15,29 mal 29 mal 1,27 Zentimeter. Auf der Platte eingraviert ist eine mathematische Botschaft, bestimmt für ETs, welche den Satelliten irgendwann einfangen und untersuchen. Am Fuße der Platte wurde unser Sonnensystem mit den neun Planeten dargestellt, die Entfernungen der Planeten von der Sonne signalisierte man im binären Zahlensystem. Hat, zum Beispiel, Merkur einen Sonnenabstand von zehn binären Einheiten – ausgedrückt mit 1010 –, dann ist die Erde 26 Einheiten (= 11010) von der Sonne entfernt. Auf der rechten Plattenhälfte ist mit einer kleinen Zeichnung von *Pioneer 10* die Flugbahn von der Erde Richtung Jupiter eingezeichnet. Davor steht ein nackter Mann und eine nackte Frau, der Mann hebt die rechte Hand zum Gruß. Die linke Hälfte der Platte zeigt die Position der Sonne, von der aus 14 Strahlenlinien in unterschiedlicher Größe ausgehen.

Wie sollen Außerirdische die Botschaft lesen? Als »Schlüssel« zur Entzifferung aller Mitteilungen wurde in der linken, oberen Ecke ein Wasserstoffatom dargestellt. Die Wellenlänge des Wasserstoffatoms ist im Spektralbereich der 20,3 Zentimeterlinie im gesamten Universum gleich. Alle Angaben auf der Platte sind auf diese Maßeinheit fixiert. Eine fremde Intelligenz könnte damit sogar die Körpergröße der Frau ermitteln: 162,4 Zentimeter. Ablesen läßt sich unter anderem der Herkunftsort von *Pioneer 10*, der Heimatplanet Erde und das Abschußdatum. All dies mit Symbolen und Mathematik. Theoretisch kann der Satellit 28 Billiarden Kilometer zurücklegen und 3000 Lichtjahre unterwegs sein, bevor er von einer außerirdischen Intelligenz geortet und eingefangen wird.

Was geschieht aber, wenn diese *Pioneer 10*-Plakette in

eine Kultur hineinplatzt, die nichts vom binären Zahlensystem versteht? Werden die unbekannten Brüder im All die Goldplatte als außerordentliches Geschenk der Götter hoch droben aus dem Himmel betrachten? Werden sie ihren Kindern vielleicht beibringen, ähnliche Bilder zur Verehrung der himmlischen Wesen nachzumachen? Werden sie Kopien anfertigen und in ihren Tempeln aufstellen? Werden dann außerirdische Archäologen auch behaupten, es müsse sich um künstlerische Ornamentik, um Symbole oder meinetwegen um ein Ritual handeln?

Die Konsequenz

Die Wesen, die hinter der Botschaft von Gavrinis steckten, haben jede Variante ins Kalkül gezogen. Sie ließen uns nicht mit nur einer mathematischen Sprache allein, sie verwendeten gleich deren drei. *Wir* haben die Aluminiumplatte in *»Pioneer 10«* mit Gold beschichtet, *damit sie Jahrzehntausende überlebe*. Die Konstrukteure von Gavrinis deponierten *ihre* Mitteilung auf einem künstlichen Hügel in einem auffallenden und von der Ornamentik her einzigartigen ›Ganggrab‹, hergestellt aus zeitlosen, zyklopischen Monolithen, *damit sie Jahrzehntausende überdaure*. Und was tun wir? Wegsehen! Spöttisch lächeln! Dispute vom Zaun brechen, um die ›unmögliche Botschaft‹ wegzuschnattern! Nochmals eine Frage an die Wissenschaft: Gibt es intelligentes Leben auf der Erde?

Weshalb nur weigern wir uns hartnäckig, offensichtlich vorhandene Fakten anzuerkennen? Es ist derselbe Grund, der intelligente und andere Menschen davon abhält, UFOs für real zu nehmen. In uns allen hämmert die doch so seriöse, wissenschaftliche Lehrmeinung: Das kann nicht sein! Das ist ungesichert! Dafür gibt es ›natürliche‹ Erklärungen! Wir drehen und zerreden die Dinge so lange, bis sie unserem Selbstwertgefühl wieder entsprechen. Wir haben gar nichts gelernt aus den großen wissenschaftlichen Irrtümern der Vergangenheit, nichts aus dem verkehrten Denkschema, die Erde sei der Mittelpunkt des Universums oder die Sonne drehe sich um die Erde. Das alte, psychologisch leicht begründbare Vorurteil leitet uns immer noch: Wir sind die Größten, es gibt nichts über uns – es gab nichts vor uns. Aus diesem Fundus tanken wir unsere selbstgefälligen Ausreden, unsere Killerphrasen und die schier unerschöpfliche Energie, jede andere Lösung für ›vernünftiger‹ einzustufen. »Viele Leute glauben, daß sie denken, auch wenn sie nur ihre Vorurteile neu ordnen« (William James, amerikanischer Philosoph, 1842–1910).

Gavrinis liegt bei Carnac, und genau dort stehen auch einige Tausend Menhire in langen Reihen. Dr. Bruno P. Kremer vom Naturwissenschaftlichen Institut der Universität Köln, der über die Steinsetzungen bei Carnac mehrere Arbeiten veröffentlichte, schätzt die Anzahl der heute noch vorhandenen Menhire auf »weit mehr als 3000« [36]. Und Pierre-Roland Giot, der führende Bretagne-Experte Frankreichs, meint gar, es müßten einst gegen 10 000 Menhire in der Landschaft gestanden haben [37]. Die Kolonnen in Dreier- bis Dreizehnerreihen muten wie ein versteinertes

Folgende Doppelseite: Impressionen aus der Bretagne.
Ob Menhir-Kolonnen, Chromlechs oder einzelne Großmenhire, sie alle stehen im Dienste eines raumübergreifenden, geometrischen Systems.

Heer an. Die kleinsten sind knapp einen Meter hoch; der Riese unter ihnen, der Menhir von Kerloas bei Plouarzel, ist zwölf Meter hoch und wiegt 150 Tonnen. Der größte »lange Stein« in der ganzen Umgebung ist der Menhir von Locmariaquer. Er liegt geborsten am Boden, war einst 21 Meter hoch und wog satte 350 Tonnen!

Man unterscheidet fünf verschiedene Arten von Steinsetzungen:
a) Menhire = stehende Steine,
b) Dolmen = Steintische und ›Hünengräber‹,
c) Cromlechs = bogenförmige Steinsetzungen,
d) Alignements = kilometerlange Steinalleen,
e) Steinkreise.
Angesichts dieses gigantischen Steinaufgebotes verwundert es nicht, wenn auch der größte Kreis Europas bei Carnac zu finden ist. Es ist der Kreis von Kerlescan mit einem Durchmesser von 232 Metern. Für den Touristen am aufregendsten sind sicherlich die langen Parallelkolonnen der Alignements. Bei Kermario stehen 1029 Menhire in zehn Reihen auf einer Fläche von rund 100 Metern in der Breite und 1120 Metern Länge. Nahe Menec sind 1099 lange Steine in Elferkolonnen geordnet, 70 davon scheren zu einem Cromlech aus. Das Alignement von Kerlescan umfaßt 540 Menhire in Dreizehnerreihen, und bei Kerzehro können nochmals 1129 Menhire in Zehnerkolonnen gezählt werden.

Diese Angaben sind nicht vollständig, sie lassen aber erahnen, welch ungeheure Leistung irgendwann von irgendwem erbracht wurde. Ja, damit ich es nicht vergesse: C-14-Datierungen im Dolmen von Kercado ergaben ein Absolutalter von 5830 Jahren! Den Göttern sei für dieses Datum selbst dann gedankt, wenn es sich später als zu jung erweisen

Vorhergehende Seite, oben und rechts: Riesige Menhire in der Bretagne.

sollte. Mit 5830 Jahren lassen sich wenigstens all die ernsthaft vorgetragenen Albernheiten in der früheren Fachliteratur beiseite schieben. Man hatte unter anderem angenommen, primitive Nomadenstämme hätten im Europa der Frühzeit Steinblöcke geschlagen und ausgerichtet, um es den orientalischen Völkern gleichzutun, die in Ägypten und anderswo mächtige Baudenkmäler besaßen. Eine andere Denkrichtung vermutete, der ganze Raum der heutigen Bretagne habe einst als heiliges Land der Druiden gegolten. Die aber hatten ihre große Zeit im letzten vorchristlichen Jahrhundert. Falls also die Druiden ihr Heiligtum ins Gehege der Menhire verlegten, können sie nur eine Anlage fix und fertig übernommen haben.

Und die Nomadenstämme dürfen wir abhaken, weil es vor 5830 Jahren in Ägypten keine Pyramiden oder andere Glanzbauten gab, die zu kopieren man in Europa nachei-

ferte. So will es die klassische Lehrmeinung. Zudem steckt ja gerade in dieser Überlegung der Wurm: Nomadenstämme heißen Nomadenstämme, weil sie nicht seßhaft sind. Die megalithische Superleistung der Bretagne verlangte aber ein seßhaftes Volk, denn der steinerne Spuk soll sich – glaubt man den Fachleuten – über mindestens ein Jahrtausend hingezogen haben. Nomadenstämme oder andere Viehhirten pflegten auch keine mathematisch-geometrische Genieleistung hinzulegen. Die Steinsetzungen bei Carnac strotzen nur so von geometrischem Know-how!

Armer Pythagoras!

Die Cromlechs, Menhire, Dolmen und Alignements sind nicht so nebenbei in die unebene Landschaft gesetzt worden, sondern nach vorher durchdachten und große Gebiete überschreitenden Plänen. Zum westlichen Cromlech bei Le Menec gehören zwei pythagoreische Dreiecke, deren Seiten im Verhältnis 3:4:5 zueinander stehen. Pythagoras, der griechische Philosoph aus Samos, lebte um 532 v. Chr. Er kann die ›Nomadenstämme‹ oder die ›Jäger und Beerensammler‹ nicht in seiner Lehre unterwiesen haben. Der pythagoreische Lehrsatz sagt [38]:

In einem rechtwinkligen Dreieck ist der Flächeninhalt des Quadrates über der Hypothenuse c gleich der Summe der Flächeninhalte der Quadrate über den Katheten a und b, also $c^2 = a^2 + b^2$.

Armer Pythagoras! Deine hilfreichen Lehrsätze sind schon Jahrtausende vor dir erfunden worden.

Verlängert man vom ›Hünengrab‹ Manio I die trapezförmigen Seiten, so treffen sie in 107 Meter Entfernung in einem Winkel von 27° aufeinander. »Man kann die Grundlinie dieses Trapezes zu einem großen Menhir verlängern und vom Schnittpunkt der Geraden durch die Seitenwände eine Linie zu diesem ziehen. Dann ergibt sich ein rechtwinkliges Dreieck mit dem Seitenverhältnis 5:12:13, was die Bedingungen von $a^2 + b^2 = c^2$ von Pythagoras erfüllt.« [39]

Wer denkt, das sei verwirrend und sicher an den Haaren herbeigezogen, liegt falsch. *Genaugleiche* Dreiecke mit *denselben* Diagonalen von 107 Meter und *denselben* Seitenverhältnissen von 5:12:13 tauchen in den grandiosen Steinsetzungen bei Carnac mehrfach auf. Dabei erstaunt es, daß das einfache pythagoreische Dreieck mit dem klassischen Seitenverhältnis 3:4:5 selten angewandt wurde. Die Megalithiker befleißigten sich der höheren Geometrie, simple Dreiecke waren zu primitiv. In der Zeitschrift »*Naturwissenschaftliche Rundschau*« [40] macht Dr. Bruno Kremer darauf aufmerksam, daß die einzelnen Ensembles nach festen »Maßbezeichnungen errichtet wurden, die auf eine hochentwickelte Vermessungstechnik schon im Mesolithikum schließen lassen«.

Es geht aber nicht nur um angewandte Geometrie, diese ließe sich, wenn auch mit sehr viel Augenwischerei, in prähistorischen Gehirnen noch unterbringen. Es geht um die Kugelgestalt der Erde, die Gradeinteilung, die Azimute, die Organisation, die Planung und vieles mehr. Dr. Kremer weist auf einen Winkel von 53° 8′ hin, der in einem pythagoreischen Dreieck mit dem Seitenverhältnis 3:4:5 verankert ist. Die 53° 8′ entsprechen »ziemlich genau dem Azimut des

Sonnenaufganges im Sommersolstitium *an allen Orten der geographischen Breite von Carnac*«.

Lange Zeit vermuteten die Archäologen in den Steinsetzungen der Bretagne einen Kalender. Diese Variante ist endgültig vom Tisch. Gott sei Dank, so kann ich endlich aufhören, über den Kalenderwitz zu spotten. Als nächstes kamen – unvermeidlich – Sonne, Mond und Sterne zum Zuge. Unsere tolpatschigen Vorfahren müssen sich schließlich Gedanken über die Lichtpunkte am nächtlichen Himmel gemacht haben. Also sind die Menhirkolonnen nach bestimmten Gestirnen ausgerichtet. Fehlanzeige. Sie sind es nicht. Einzig für die Mondbeobachtung und bestimmte Phasen des Mondumlaufes fanden die unermüdlichen Forscher Professor A. Thom und sein Sohn A. S. Thom einige verwendbare Linien. Diese sind, weil sie sich teilweise auf Strecken bis zu 20 Kilometer hinziehen, allerdings noch kurios genug. Ein Beispiel:

Als der größte Menhir Europas gilt ›Le grand menhir brisé‹ (der große, zerbrochene Menhir) mit dem Namen Er Grah bei Locmariaquer. Er ist 21 Meter lang und wiegt rund 350 Tonnen. Über Er Grah laufen acht Visierlinien in diverse Richtungen, wobei die Linien stets schnurgerade über andere künstlich erstellte Steinanhäufungen ziehen. Eine dieser Linien beginnt bei Trevas, läuft kurz die Küste entlang, überspringt den Golf von Morbihan, überschneidet den Riesenmenhir Er Grah und überquert auf einer Strecke von 16 Kilometern die Bucht von Quiberon.

Eine andere Linie beginnt bei einem Einzelmenhir südlich von Saint Pierre (Quiberon), zieht über die Bucht von Quiberon, springt über Er Grah, um dann zielgenau über das Inselchen Gavrinis Richtung Festland zu verlaufen. Diese

Auch dieser Einzelmenhir ist in das Visiernetz miteinbezogen. Bretagne.

und andere Visierlinien können mit den Mondphasen in Zusammenhang gebracht werden. Thom und Thom [41] sind der Meinung, vom großen zerbrochenen Menhir aus wären alle Visierpunkte mit dem bloßen Auge sichtbar gewesen. Sofern das Monstrum mit seinen 21 Metern Höhe je aufrecht stand und irgendwer in luftiger Höhe Position bezog.

Doch genau hier liegt ein immer wiederkehrender Fehler im Denkansatz. Man verwechselt Ursache und Wirkung. Die tollen ›Megalithiker‹ können ihren 350-Tonnen-Menhir nicht zum Standort X gezerrt haben, *weil* sich von dort aus Visierlinien in acht verschiedene Richtungen ergaben. Die Visierlinien traten ja erst *nach* der Aufrichtung des Menhirs zutage. Erst von der 21 Meter hohen Spitze des Menhirs sind die anderen Punkte im unebenen Gelände einsichtbar. Ergo müssen unsere steinzeitlichen Vermessungsspezialisten den Standort X *vorher* errechnet haben, sonst hätten sie den Riesenbrocken schwerlich gerade an diesen Visierpunkt dirigiert.

Damit sind die astronomischen Bezüge bereits abgehakt. Dr. Bruno Kremer stellt denn auch fest [36]:

»Die Astronomie bietet jedoch für die Deutung der bretonischen Steinsetzungen keinerlei brauchbare Erklärungsansätze.«

Man ist ratlos, auch die Spezialisten, die sich intensiv mit den bretonischen Rätseln auseinandersetzten, geben das unumwunden zu. Bezüglich der Steinreihen von Kermario vermerken die beiden Professoren Thom und Thom resigniert [41]:

»Es ist höchst unwahrscheinlich, daß sieben Steinreihen von über einem Kilometer Länge nur gepflanzt wurden, um die korrekte Ausrichtung von drei Paaren von Dreiecken zu demonstrieren. Wir können keine einzige, überzeugende Erklärung für die Alignements von Kermario anbieten.«

Bravo! Das ist ein offenes Wort. Dabei haben sich ausgerechnet Thom und Thom sehr verdient gemacht um alle europäischen Megalithdenkmäler. Alexander Thom, von Haus aus Astronom und Archäologe, war es, der die erstaunliche Maßeinheit feststellte, die bei (fast) allen Megalithbauten von Irland bis Spanien angewendet wurde: das Megalithische Yard mit 82,9 Zentimetern. Ob damals wohl Reiter auf schnellen Mammuts den geeichten Maßstab in allen Regionen deponierten?

Hier steh' ich nun, ich armer Tor...

Noch etwas sehr Verblüffendes geriet Thom und Thom in die Finger. Als sie die über tausend Menhire vom Alignement le Ménec vermaßen, bemerkten sie an der Südwestecke einen Halbkreis. Genauere Untersuchungen ergaben ein Steinoval wie dasjenige unter Wasser vor der Insel Er Lannic. Am Ostende des Alignements, nach 1120 Metern, ein zweites Steinoval. Welche Bedeutung hatten die Steineier am Anfang und Ende der Menhirreihe? Niemand weiß es. Man ist fassungslos, sucht ›natürliche‹ Erklärungen und wird nie eine überzeugende finden. Weshalb nicht? Weil die Gesamtanlage eine mathematisch-geometrische Botschaft enthält – wie unsere Goldplatte in der Weltraumsonde »*Pioneer 10*«. Derartige Botschaften haben es in sich, nicht ›natürlich‹ zu sein.

Und da ich gerade bei den Ungereimtheiten bin, noch ein

zusätzliches Aha-Erlebnis. Bei Locmariaquer liegt auch der Dolmen mit dem schönen Namen ›Table des Marchands‹ = Tisch der Kaufleute. Der Dolmen wird von einer gewaltigen Platte von acht Metern Länge und vier Metern Breite abgedeckt. Geschätztes Gewicht: 50 Tonnen. Bei der Restaurierung des Dolmen fanden sich seltsame Gravuren, Striche, gekrümmte Linien und ›Äxte‹. Man dachte an Gavrinis… aber es konnte nicht sein, daß das ›Ganggrab‹ von Gavrinis und der ›Table des Marchands‹ zur selben Zeit entstanden waren. Bis dann zwischen 1979 und 1984 Gavrinis restauriert wurde.

Der Chefarchäologe C. T. Le Roux fand auf einem riesigen Deckstein einige Darstellungen, die irgendwie unfertig schienen. Auch war das Gestein an der Schnittstelle offensichtlich abgebrochen. Monsieur Le Roux wäre nicht Bretagne-Spezialist, wenn ihm nicht augenblicklich der ›Table des Marchands‹ in den Sinn gekommen wäre. Gab es dort nicht auch ›unfertige‹ Gravuren und eine seltsam abgebrochene Schnittstelle? Die Vermutung war korrekt. Schnittstellen und Gravuren paßten zusammen! Der ›Table des Marchands‹ und der Deckstein von Gravinis stammten vom selben gigantischen Block [42]. Dabei irritiert, daß die Gravuren offensichtlich bereits im Steinbruch angebracht wurden. Sonst wäre nicht eine Hälfte des gravierten Klotzes in Gravinis gelandet, die andere bei Locmariaquer. Folgerichtig ist die mathematische Botschaft von Gavrinis nicht erst auf dem Inselchen entstanden. Keiner hat im fertigen Dolmen an Monolithen herumgefeilt, und die »Fingerabdrücke« und »Äxte« hineingeschliffen. Das war keine *nachträgliche* Ornamentik ohne Geist und Sinn. Planung und Ausführung standen bereits im Steinbruch fest.

Wir klugen, von Computern unterstützten Menschen der Gegenwart haben es nicht geschafft, hinter die Botschaft der Megalithbauten der Bretagne zu blicken. Freilich fehlen Tausende von Menhire, die im Laufe der Zeit zerfielen, von den Bewohnern der Umgebung zum Häuserbau mißbraucht wurden oder in den Fluten des Atlantik versanken. Diese verschwundenen Steine erschweren die Lösung. So müssen sich die Fachleute darauf beschränken, die kuriosen Verbindungen zwischen den einzelnen Steinsetzungen zu registrieren. Buchhalter in Sachen Stein. Wetten, daß des Rätsels Lösung in diesem Falle nicht von den Archäologen kommen wird?

Interdisziplinäre Arbeit ist gefragt. Wir haben schließlich genügend blitzgescheite Köpfe an unseren Hochschulen, die in Mathematik und Geometrie über dem Durchschnitt stehen. Wenn mir die Kompetenz zustünde, Aufgaben zu verteilen, würde ich den Gesamtplan des riesigen Gebietes mit allen Steinsetzungen einigen Mathematikern in die Hand drücken und sie bitten, doch mal darüber nachzudenken, was denn dahinterstekte. Die Nuß muß doch zu knakken sein. Der Skeptiker, der gleich abwinkt und sagt, gar nichts stecke dahinter, alles sei fauler Zauber und Zufall, sitzt im falschen Zug. Ein raumübergreifendes Beispiel, aufgedeckt durch Dr. P. Kremer, mag dies verdeutlichen:

Mit Winkelmaß und Rechenschieber

Die langen Steinreihen von Le Ménec und Kermario verlaufen in nordöstlicher Richtung und berühren an ihrem längsten Punkt das Alignement von Petit Ménec. Die Distanz über hügeliges Gelände beträgt rund 3,3 Kilometer. Diese Strecke ist gleichzeitig die Hypotenuse eines pythagoreischen Dreiecks. Zieht man vom westlichen Ende der Steinkolonne von Le Ménec eine Linie in nördlicher Richtung, so stößt diese nach 2680 Metern auf den Dolmen Mané-Kérioned. Von hier aus zielt eine andere Linie im genau gleichen Winkel von 60° auf den Menhir Manio I. Wieder beträgt die Distanz 2680 Meter. Die drei Punkte bilden ein gleichschenkliges Dreieck, sie sind alle gleichweit voneinander entfernt.

Vom östlichen Ende von Le Ménec bietet sich erneut eine Nord/Süd-Linie an. Im Süden berührt sie den Dolmen von St. Michel, im Norden Le Nignol und hinter dem Weiler Beg-Lann den Menhir Crucuny. Diese Gerade liegt innerhalb des vorher aufgezeigten Dreiecks, wobei Le Nignol die Hälfte der Strecke markiert. Ein weiterer 60°-Winkel ergibt ein zusätzliches, gleichschenkliges Dreieck von 1680 Metern Seitenlänge: St. Michel–Le Nignol–Kercado. Dabei schneidet die Linie Le Nignol–Kercado die Steinkolonne von Kermario nicht nur in zwei gleichgroße Hälften, sondern der Schnittpunkt markiert gleichzeitig die Hälfte der Hypotenuse der Stecke Le Ménec–Petit Ménec.

Das mag nach Spielerei klingen, nach krampfhaft und willkürlich gesuchten Dreiecken. Dem ist nicht so. Die Punkte sind durch genau gleich lange Distanzen in den genau gleichen Winkelgraden untereinander verkuppelt, wobei sich diese weiträumigen Beispiele endlos wiederholen lassen. Dazu Dr. Kremer [36].

»Anbetracht der Vielzahl von Beziehungen und Ausfluchtungen kann eigentlich kein begründeter Zweifel mehr an der raumorganisatorischen Planmäßigkeit der megalithischen Anlagen aufkommen.«

Dazu fällt mir ein Satz von Anatole France ein: »Zufall ist vielleicht das Pseudonym Gottes, wenn er nicht unterschreiben will.«

Fragen über Fragen

Der liebe Gott ist in der Bretagne nicht tätig geworden, und den Zufall dürfen wir mit gutem Gewissen vergessen. Was also, bei allen Planeten, wollten diese ›Megalithiker‹? Was trieb sie? Woher stammen ihre mathematisch-geometrischen Kenntnisse? Was für Instrumente verwendeten sie? Welche Vermessungsingenieure bestimmten die Fixpunkte in der unebenen Gegend? In was für Geländekarten übertrugen sie ihre Berechnungen? In welchem Maßstab? Mit welchen Schnüren oder Spiegeln signalisierten sie sich die kilometerlangen, geraden Strecken zu? Wie war der Lastentransport organisiert? Welche Seilart – wenn überhaupt – wurde benutzt? Wie funktionierten die Schwertransporte im Winter? Im Regen? Bei matschigem Untergrund? Mit welchen Werkzeugen wurden die monolithischen Platten maßgerecht zugeschnitten? Wurden für die Gesamtanlage ausschließlich Steine verwendet oder spielte ursprünglich ein zusätzliches Baumaterial eine wichtige Rolle? Ein Material wie beispielsweise Metall, das sich über die Jahrtausende auflöste? Wozu Menhirkolonnen in unterschiedlichen Breiten mit unterschiedlichen Reihen? Mal neun, dann elf oder Dreizehnerkolonnen? Was sollen die Steinovale am Anfang und Ende des Alignements Le Ménec? Wie wichtig war die Raumaufteilung, die kleineren Triangulationen innerhalb der größeren? Weshalb sind für das Spiel mit Steinen verschiedene Arten von Steinsetzungen angewandt worden? Mal Menhire, dann Dolmen, Menhirkolonnen, Kreise und Halbkreise? Welcher Stellenwert, welche Gewichtung kommt den unterschiedlichen Steinsetzungen innerhalb des Gesamtplanes zu? Welche Kompasse oder Sextanten kamen bei der Festlegung der geographischen Position zum Einsatz? Existierten vermessungstechnische Hilfsmittel ähnlich den heutigen Theodoliten? Wieviel Planungszeit ging der Bauzeit voraus? Wie viele Arbeitskräfte wurden benötigt? Wer dirigierte die Massen? Wer hatte das Oberkommando und weshalb? Was legitimierte den Chef? Was unterschied ihn vom Rest der Ameisengemeinde? Wo übernachteten, überwinterten die Arbeiter mit ihrem Anhang? Wo sind die Überreste ihrer Raststätten, ihrer Nahrung, ihrer Knochen? Wie lange dauerte der megalithische Spuk? Zwei Arbeitsgenerationen zu 30 Jahren? Zehn Arbeitsgenerationen? 50 oder noch mehr? In welcher Schrift wurden die präzisen Befehle an die nächstfolgende Generation weitergereicht?

Wie man sieht, existieren riesige Flecken auf der Landkarte der Forschung, und nirgendwo ein Raum, den man innerhalb einer Disziplin allein beackern könnte. Kein Professor für Geometrie oder Straßenvermessung wird von sich aus tätig werden. Niemand möchte den Kollegen von der anderen Fakultät ins Gehege kommen. (Wie auch, ohne Auftrag und damit ohne Geld?) Und wenn's dennoch einer wagt und mit handfesten Resultaten zurückkommt, die nicht mit der gesicherten Lehrmeinung übereinstimmen, wird er als Laie disqualifiziert und im Regen stehengelassen. So funktioniert unser eingefahrenes System. Alternativen sind verpönt. Sie eignen sich bestenfalls für die politische Spielwiese.

Bei den Steinsetzungen in der Bretagne müßten selbst die Fachleute vor einem Entweder–Oder kapitulieren. Entweder sind die Datierungen falsch, oder es muß ein Plan existiert haben, der stur über viele Generationen hinweg eingehalten wurde. Es ist unvernünftig, beispielsweise Gavrinis mit 4000 v. Chr. zu datieren, dasselbe Alter aber dem großen, zerbrochenen Menhir oder dem Dolmen von St. Pierre abzusprechen. Schließlich liegen alle drei Punkte auf einer Visierlinie. Wie sollen die ›Megalithiker‹ etwas anvisieren, das gar kein Bestandteil einer raumübergreifenden Planung ist? Folgerichtig sind die Punkte zur gleichen Zeit festgenagelt worden. Und wenn die Steinsetzungen *nicht* gleichzeitig entstanden, müssen sich die nachfolgenden Generationen an die alten Pläne gehalten haben. Entweder-Oder. Gebont?

Daten aus dem Zauberhut

Bei der Debatte um das Alter der bretonischen Steinsetzungen geht es mir im Sinne des Wortes zu trocken zu. Warum redet keiner von der offensichtlichen Anhebung des Meeresspiegels? Ein Tatsachenbeweis heißt deshalb so, weil er auf Tatsachen baut. Tatsachen sind der Unterwasserhafen in Lixus, die Unterwassergleise bei Cadiz, auf Malta sowie der ganze und der halbe Steinkreis auf dem Meeresgrund vor dem Inselchen Er Lannic. Tatsache ist auch das ›Ganggrab‹ Gavrinis, das zur Bauzeit mit dem Festland verbunden gewesen sein muß. Es wäre prächtig und hilfreich, wenn sich die Archäologen mal mit den Geologen über das Datum einigen könnten, wann denn nun die polaren Eiskappen zum letzten Mal abgeschmolzen sind und den Meeresspiegel in die Höhe getrieben haben. Daß es vor 10 700 Jahren geschah, ist sicher, aber ob es sich seither in einer kleinen Zwischeneiszeit wiederholte, ist unsicher. Wobei auch eine angenommene Zwischeneiszeit nicht allzuviel weiterhilft. Der Anstieg des Meeresspiegels vor 10 700 Jahren war zu gewaltig.

Nun ist die Aufzählung von Tatsachen an sich wertlos, wenn keine Idee sie zusammenschweißt. Wußten die bretonischen ›Megalithiker‹ etwas von der kommenden Flut? War dies vielleicht der Grund, weshalb sie ihre steinernen Botschaften in einer geradezu verbissenen Arbeitswut errichteten? War ihnen bekannt, daß einzig und allein Gestein eine Chance hatte, die Jahrtausende zu überdauern? Geriet die erwartete Flut höher als berechnet und versanken deshalb bereits errichtete Steinsetzungen unter Wasser? Wer oder was spornte die Menschen zu ihrem Treiben an? Es muß ja so etwas wie ein Arbeitszwang geherrscht haben, auch ›Steinzeitler‹ ackern sich schließlich nicht umsonst ab. Man stelle sich nur die damaligen Werkzeuge und Transportmöglichkeiten vor! Lief eine bestimmte Frist aus, zu der die wichtigsten Monumente zu stehen hatten?

Ich habe einen Bekannten, der ist Archäologe und das, was man allgemein als ›netten Kerl‹ bezeichnet. Ich bedaure es, daß wir uns nur alle Jubeljahre treffen. Über die Ungereimtheiten in der Bretagne befragt, meinte er, das sei doch alles ganz einfach. Irgendwer errichtete aus irgendeinem Grunde die erste Steinsetzung, und im Laufe der Jahrhunderte machten es andere Generationen nach, wobei stets wieder eine reichere Sippe versuchte, den Konkurrenzdolmen einer früheren Sippe zu übertrumpfen. So entstanden schließlich ganze Felder von Steinsetzungen, die sich wie ein Geschwür über die Landschaft legten.

Das ist die natürliche Erklärung. Sie klingt einleuchtend und ist auf Anhieb bestechend. Damit ist das Rätsel enträtselt, und wir dürfen getrost zur Alltagsarbeit übergehen.

Mich wundert schon lange nicht mehr, weshalb die ›natürlichen Erklärungen‹ stets mit einem Denkstillstand einhergehen. Weshalb hielten sich denn die späteren »Konkurrenzsippen« an das geometrische Spiel? An die pythagoreischen Dreiecke? An die Visierlinien? Welche Religion verband sie über Jahrtausende? Hat jede Generation 20 oder meinetwegen 100 Menhire zu den langen Steinreihen zusammengetragen, einen für Mami, einen für Papi, einen für Opa...? Fleißig im gleichen Abstand voneinander und je nach Einpeitscher in Neuner-, Elfer- oder auch Dreizehnerkolonnen? Existieren denn die mathematisch deutbaren Gravuren auf dem Inselchen Gavrinis nicht und sind die geographischen Positionen von Gavrinis und anderen Steinsetzungen etwa nicht in diversen Maßangaben verewigt? Haben die Professoren Thom und Thom ihr ›Megalithisches Yard‹, das sich auf alle Steinsetzungen anwenden läßt, erfunden? Und, last but not least, stammt die Decke des Riesendolmen ›Table des marchands‹ denn nicht vom selben Gesteinsbrocken wie ein Deckenstein von Gavrinis?

Terrible simplificateur! Die Vereinfachung löst das Rätsel nicht. Wie spottete der britische Theologe Mandell Creighton (1843–1901) schon vor 100 Jahren? »Alles wahre Wissen widerspricht dem gesunden Menschenverstand.«

Abstecher nach Spanien

Mag sein, daß ich über einen verschrobenen Verstand und eine zu lebendige Phantasie verfüge, nur habe ich mir weder New Grange, Gavrinis, die bretonischen Menhirkolonnen oder die ›Ganggräber‹ aus den Fingern gesogen. A propos Ganggräber: Es gibt sie nicht nur von Schottland über Nordeuropa bis in den Süden Frankreichs; Hunderte davon, teils im Sinne des Wortes gigantische Anlagen, liegen auf der iberischen Halbinsel. Der Tourist, der von Granada aus die N 324 Richtung Archidona nimmt, sollte kurz vor der Stadt Antequera einen Bildungsstopp einlegen, um sich die megalithischen Supergräber von Menga, Viera und El Romeral anzusehen. Der Besuch lohnt, auch wenn das geplagte Gehirn am Ende mit einem Bündel Fragen zurückgelassen wird, das keine Antwort findet.

Kurioserweise wird die Anlage von Menga unter ›Cueva de Menga‹ = Höhle von Menga geführt. Von einer natürlichen Höhlung kann jedoch keine Rede sein, die ›Cueva de Menga‹ gilt als »der stattlichste und am besten erhaltene Dolmen der Welt« [43]. Er liegt östlich außerhalb der Stadt Antequera und wird in der Fachliteratur als Mausoleum – eben: ›Ganggrab‹ geführt, obschon nie eine Leiche entdeckt wurde. Das megalithische Wunderwerk ist 25 Meter lang, 5.50 Meter breit und bis 3,20 Meter hoch, geräumig genug, um mit dem Traktor darin herumzufahren.

Niemand weiß, wer die künstliche Gruft als erster betrat, denn bereits anno 1842 diente der dunkle Raum als kühle Aufbewahrungskammer für Früchte und Gemüse. Natürlich hat man gegraben, in den Jahren 1842 und 1874 gleich

Der Eingang zur Cueva de Menga, Spanien, erinnert an einen Bunker aus dem Zweiten Weltkrieg.

zweimal hintereinander. Die Resultate ergaben nichts, abgesehen von einigen »rohen Werkzeugen aus dunklem, hartem Stein [44].« 1904 wurde ein neuer Versuch gemacht, es mußte sich in diesem Riesendolmen doch etwas finden lassen. Das hartgepreßte Erdreich gab schließlich ein glänzend poliertes Steinbeil aus schwärzlichem Serpentin frei. Auch ein diskusförmiges Steingebilde, von dem man nicht weiß, ob es ein Faustkeil für Riesen oder eine Grabbeigabe war, kam zum Vorschein. Keine Leiche, keine Knochen, kein Sarkophag, doch unter der Decke einige kreuzförmige Gravuren und ein fünfzackiger Stern von 18 Zentimetern Durchmesser.

Diese Decke hat es in sich! Der hinterste Deckstein ist

gute acht Meter lang und 6,30 Meter breit. Geschätztes Gewicht: 180 Tonnen! Wahrhaftig kein Fliegengewicht. Die eigentliche ›Grabkammer‹ ist durch vier monolithische Platten abgedeckt, die auf gewaltigen Seitenstützen ruhen. Fünf Tragsteine auf jeder Seite bilden den 8,70 Meter langen Raum vor der ›Grabkammer‹. Die Dicke dieser Wandsteine beträgt rund einen Meter, die Dicke der Deckenplatten gleich das Doppelte. Alles ein bißchen wuchtig für nichts. Wer derartig monströse Steine bewegte, hätte eigentlich dafür sorgen können, daß der Grabinhalt – sofern es ein Grab war – unberührt blieb. Ein prächtiger Brocken vor dem Eingang hätte selbst dann gereicht, wenn Grabräuber ihn weggeschoben hätten. So würde er späteren Generationen wenigstens Zeugnis für ein ausgeraubtes Grab ablegen.

Das gesamte Baumaterial der ›Cueva de Menga‹ besteht aus hartem, tertiärem Jurakalkstein, der aus dem nahen Cerro de la Cruz, lediglich einen Kilometer entfernt, herausgebrochen wurde. Das ist zwar nur eine Kurzstrecke, aber im welligen Gelände immer noch eine beachtliche Transportleistung bei einer Einzelplatte von 180000 Kilo! Alle Monolithen der ›Cueva de Menga‹ sind künstlich bearbeitet und durch kleinere Steine im Boden verankert worden. Ein Teil der schwergewichtigen Kammerdecke wird durch drei Pfeiler gestützt, die präzise unter den Fugen von jeweils zwei Deckenplatten stehen. Der Vermessungstechniker der Sippe muß eine hervorragende Schule besucht haben.

Der Eingang zur ›Cueva de Menga‹ mit seinem abgeschrägten, keilförmigen Deckenstein erinnert an einen Bunker aus dem Zweiten Weltkrieg. Nur zwei Kilometer weiter, in gerader Richtung vom dunklen Schlund, folgt das nächste

›Ganggrab‹, die ›Cueva del Romeral‹. Die Gesamtanlage mißt 44 Meter, zwei Kammern bringen es auf zehn Meter Länge, und die Gänge zu den Kammern sind insgesamt 34 Meter lang. Prunkstück der ›Cueva del Romeral‹ ist – wie bei New Grange in Irland – ein ehrfurchtgebietender, kreisrunder Kuppelraum mit einer sechs Meter langen und 70 Zentimeter dicken Deckenplatte. Auch dieses Grab, das als »schönstes Beispiel des vorgeschichtlichen Kuppelbaues« [44] angesehen wird, enthielt keine Leichname, doch »kompakte Lagen wie von schwarzer Asche«, einige Muscheln und zerstückelte Knochen von »kleinen Individuen«.

Die Megalithiker trieben es wirklich toll. Allein im vorgeschichtlichen Europa schoben sie in über tausend (und dies ist reichlich untertrieben!) von ähnlich gelagerten ›Ganggräbern‹ Schwergewichte herum, als wären es Streichhölzer. Aber sie verpaßten es, die Gruften ihrer großen Fürsten zu sichern. Wozu die Rackerei, wenn es belanglos war, ob der Grabinhalt später geklaut würde? Schließlich soll sich die europäische Megalithpest über gut 2000 Jahre hingezogen haben. Grabräuber gab es zu allen Zeiten. Dementsprechend hätten die späteren Bauherren der ›Hünengräber‹ etwas gegen die Ausschlachtung ihrer eigenen Gruften unternehmen können. Oder unterstellen wir Heutigen mit unseren ›natürlichen Erklärungen‹ wieder mal etwas völlig Verkehrtes? Lag die Motivation für diese prähistorischen Bunker auf einer ganz anderen Ebene, als unsere Schulweisheit sich träumen läßt?

Großdolmen müssen Gräber gewesen sein – was sonst? Verlangt die Lehrmeinung. Was aber, wenn die zeitlosen Vorgeschichtsgruften ursprünglich einem anderen Zweck dienten und erst viel später als Gräber benutzt wurden? Da

Die Gesamtanlage der Cueva de Menga ist 25 Meter lang, 5,50 Meter breit und 3,20 Meter hoch.

ich seinerzeit sowenig dabei war wie unsere scharfsinnigen Frühgeschichtler, kann ich nur Ideen liefern, unfrisierte Gedanken meinetwegen. Die hehre Wissenschaft mag sich getrost auf Tatsachen berufen, aber was helfen sie, wenn das Endresultat so unsicher bleibt wie eine Spekulation? So will ich denn fröhlich spekulieren, wohlwissend, daß die Realität oft phantastischer ist als die Phantasie.

Können Riesen weiterhelfen?

1. Spekulation: Einst lebten Riesen auf Erden. Sie zerstritten sich, zerstreuten sich in alle Winde und bauten sich

ihre eigenen Großdolmen als Schlaf-, Ruhe- und Schutzplätze.

Die Menschen fürchteten sich vor diesen Titanen. Nach ihrem Tode wurden die Behausungen der Riesen geplündert, ihre sterblichen Überreste zerstört und die Dolmen für andere Zwecke verwendet.

Daß es in grauer Vorzeit Riesen gab, ist nicht allzu spekulativ.

- Der deutsche Anthropologe Larson Kohl fand 1936 am Ufer des Elyasi-Sees in Zentralafrika Knochen von riesenhaften Menschen.
- Die deutschen Paläontologen Gustav von Königswald und Franz Weidenreich (1873–1948) entdeckten Ende der dreißiger Jahre in Apotheken von Hongkong mehrere Knochen von Riesenmenschen. 1944 berichtete Professor Weidenreich vor der »American Ethnological Society« über diese Funde [45].
- Professor Denis Saurat fand an diversen Orten in Nordafrika nicht nur Riesenknochen, sondern auch Steinwerkzeuge, die nur in die Faust riesenhafter Menschen paßten [46].
- Im apokryphen Buch Henoch wird behauptet, die Götter hätten ein Geschlecht von Riesen erzeugt [47].
- Das apokryphe Buch Baruch nennt sogar die Zahl der Riesen, die vor der Sintflut existierten: 4 090 000 [48].
- Und wer bibelgläubig ist und jeden Satz der *»Heiligen Schrift«* als bare Münze nimmt, findet die Riesen gar im *»Alten Testament«*. David kämpft gegen den Riesen Goliath, und Moses berichtet im 1. Buch Kap. 6, 4: »Zu jenen Zeiten – und auch nachmals noch –, als sich die Gottessöhne zu den Töchtern der Menschen gesellten... waren

die Riesen auf Erden. Das sind die Recken der Urzeit, die Hochberühmten« [49].
– Der Bibelsatz findet lapidare Bestätigung in den Mythen der Eskimos: »In jenen Tagen waren Riesen auf Erden« [50].

Nordische, germanische, griechische, ägyptische, sumerische – um nur einige zu nennen – Überlieferungen erzählen permanent von Riesen. Weshalb sollte man über sie erzählen, wenn es sie nie gegeben hat?

2. Spekulation: Irgendwann in vorgeschichtlichen Zeiten gab es fliegende Apparate von Göttern und deren Nachfahren. *Daß* es sie gab, ist wiederum nicht spekulativ, wie ich in früheren Büchern ausführlich dokumentierte. [5,29,51] Die tumben Menschen fürchteten sich vor den Launen und Bösartigkeiten dieser Himmelsspione. Man errichtete Dolmen als sichere und von oben nicht einsichtbare Unterstände. Wann immer der Ruf erschallte: »Fliegende Götter in Sicht«, verkroch sich die Sippe in ihrem Bunker. Die Angst war die treibende Kraft für den Bau der megalithischen ›Ganggräber‹. Auch in diesem Modell wurden die Dolmen von späteren Generationen für andere Zwecke verwendet.

3. Spekulation: Irgendwer wußte Bescheid über das Abschmelzen der eiszeitlichen Gletscher. Nach heutigem Kenntnisstand – aber was heißt das schon, er kann morgen überholt sein – ist eine Klimaveränderung mit der Durchlöcherung des Ozonloches verbunden. Die Abschwächung oder gar Auflösung der schützenden Ozonschicht führt zu ernsthaften Gesundheitsschädigungen des menschlichen Organismus, die gefährliche Höhenstrahlung dringt ungeschützt durch die Haut. Um ein Aussterben der menschlichen Art zu verhindern, befahl Mister Irgendwer den Bau

von Schutzanlagen. Die Feldarbeit wurde nach Sonnenuntergang erledigt – am Tage hockte die verängstigte Sippe im strahlengeschützten Unterstand. Auch in dieser Variante verwendeten spätere Generationen die vorhandenen Dolmen als Gräber.

Bei der letzten Spekulation müßte Mister Irgendwer oder meinetwegen ›Engel Erde‹ – Geduld bitte! Ich werde das Rätsel um ›Engel Erde‹ noch auflösen – gewußt haben, daß die Veränderung der Ozonschicht nicht von Dauer sein und sich nach einigen Jahrzehnten oder Jahrhunderten wieder auf dem ursprünglichen Stand einpegeln würde.

Bei derartigen Denkmodellen geht es nicht um ein Entweder-Oder. Ich kann mir Kombinationen der drei Varianten vorstellen. Wer die Gedankenspiele a priori mit dem Einwand abblockt, die ›Hünengräber‹ seien schließlich zu verschiedenen Zeiten entstanden, übersieht die falschen Datierungen und den Nachahmungseffekt. Die vorgeschichtlichen Bunker wurden allesamt von späteren Generationen verwendet, die ihr Gerümpel, ihre Essensreste oder die Knöchelchen ihrer Opfertiere liegenließen. Was wir heute datieren, muß nicht von den ursprünglichen Erbauern stammen. Andersherum: Nachdem prächtige Riesendolmen nun mal das Landschaftsbild zierten, wurden sie von Nachfolgegenerationen imitiert. Jetzt entstanden Dolmen als Kultbauten, niemand erinnerte sich mehr an den ursprünglichen Zweck der echten und alten Unterstände.

Querverbindungen in die Zukunft

Da fällt mir eine drollige Kombination ein: Viele wohlhabende Leute in der ganzen Welt ließen sich Atombunker unter ihre Häuser oder ihre Gärten bauen. Es gibt kleinere für Einzelfamilien und größere für ganze Siedlungen. Alle diese Schutzräume sind fest, eben wie Bunker, errichtet. In Friedenszeiten werden sie als Keller, Fitneßraum und gar Gästeschlafzimmer verwendet, und wenn die Eltern sterben oder das Haus verkauft wird, richtet die nächste Generation im ehemaligen Bunker vielleicht eine Kellerbibliothek oder eine Disco ein.

200 Jahre später mögen die Häuser zerfallen – die Bunker bleiben. 5000 Jahre weiter in der Zeit stoßen Archäologen auf die kuriosesten Gräber aller Zeiten. Da gibt es unterirdische Korridore, die zu geheimnisvollen Kammern und Hallen führen. Ganz selten tauchen Knochen oder Grabbeigaben auf, doch stets finden sich Überreste zerfallener Gebrauchsgegenstände, Stoffreste und immer wieder Kreuze in verschiedenen Variationen. Nun weiß man, daß die damaligen Menschen einer Religion nachhingen, bei welcher »der Gekreuzigte« einen entscheidenden Symbolwert einnahm. Was liegt näher, als in den eigenartigen Grüften Sakralräume zu erkennen, in denen Zeremonien zu Ehren des Gekreuzigten abgehalten wurden?

Das simple Beispiel zeigt, daß die vorhandenen Tatsachen dank der ›natürlichen Erklärungen‹ durchweg falsche Resultate liefern können. Wissenschaftliches Denken oder Logik sind kein Garant gegen Irrtümer.

Man warf mir vor, ich sei wissenschaftsfeindlich bis in die

letzte Krampfader. Irrtum! Ich bin ein Wissenschaftsfan ohne wissenschaftsgläubig zu sein. Ich weiß, was wir der exakten Wissenschaft verdanken, und ich freue mich neidlos über gesicherte Erkenntnisse, auf welchem Fachgebiet sie immer liegen mögen. Nur haben sich – ich sage es ungern – viele Wissenschaftler der Neuzeit zu Schwätzern der aktuellen Modeströmung degradiert. Wenige Zitate, ausgewählt aus den Schriften von Wissenschaftlern, mögen meine gesunde Skepsis untermauern.

Wissenschaftler kontra Wissenschaftler

Es sagte der Astronom Kenneth C. McCulloch [52]:
»Mancher Laie glaubt, Wissenschaftler seien grundsätzlich auf der Wahrheitssuche, und wenn neue Fakten und Hinweise präsentiert werden, würden sie ihre früheren Theorien modifizieren und anpassen. In Wahrheit können Wissenschaftler genauso engstirnig und blindgläubig sein wie der mittelalterliche Geistliche.«

Es sagte Dr. Theodor Haltenorth, ehemaliger Direktor der Zoologischen Staatssammlung von Bayern [53]: »Offenbar sind der Überheblichkeit der etablierten Wissenschaft keine Grenzen gesetzt. Beispiele krasser Fehlurteile hochangesehener Forscher sind Legion.«

Es sagte der Nobelpreisträger Max Planck [54]:
»Eine neue wissenschaftliche Wahrheit pflegt sich nicht in *der* Weise durchzusetzen, daß ihre Gegner überzeugt werden und sich als bekehrt erklären, sondern vielmehr dadurch, daß die Gegner allmählich aussterben und daß die

heranwachsende Generation von vornherein mit der Wahrheit vertraut gemacht ist.«

Es sagte der Philosoph Sir Karl Popper [55]:

»Intellektuelle sind anmaßend und bestechlich«, und: »Theorien werden zu Ideologien, selbst in der Physik und in der Biologie. Wer eine vorherrschende Mode angreift, ist ›draußen‹ und erhält kein Geld mehr.«

Harte Worte, für die ich Prügel bekäme, würden sie von mir stammen. Insbesondere junge, engagierte und ehrliche Wissenschaftsstudenten hängen der Fiktion an, Wissenschaft sei wertfrei. Darüber mag ich keine verstohlenen Witze mehr machen – ich lache laut. Und da Lachen der Gesundheit guttut, empfehle ich den verbissenen Wissenschaftsgläubigen, die ausschauen, als würden sie ständig auf einer Zitrone herumkauen, das Buch »*The Experts Speak*« [56]. Das 1984 erschienene Werk bekennt sich im Untertitel als »definitives Kompendium der autoritären Fehlinformation«. Zum Schmunzeln!

Was hat die Abschweifung vom Hauptthema mit Menhirkolonnen und/oder echten oder Pseudo-Hünengräbern zu schaffen? Tatsache ist doch, daß wir bei der Lösung der weltweiten megalithischen Rätsel nicht wesentlich weiter sind als vor 30 Jahren – wissenschaftliche Methodik, wissenschaftliches Denken und eine Armada von hervorragenden Forschern hin oder her. Die Resultate in den aktuellen Fachbüchern sind stets ›Heute-Resultate‹. *Heute* weiß man dies oder jenes, doch das heutige Wissen kann übermorgen überholt sein, und übermorgen steht erneut in der Fachliteratur, *heute* wisse man dieses oder jenes.

So wird die Stafette weitergetragen, je nach Trend und ideologischem Muster. Die Revision unhaltbarer Positionen gehört zwar *auch* zur wissenschaftlichen Methodik, aber was hilft's, wenn mit Ausnahme von kosmetischen Anpassungen wieder nur Zwischenlösungen herauskommen, die ihrerseits in einem zukünftigen *Heute* keinen Bestand haben?

Deshalb bekenne ich mich nicht nur zur Akzeptanz wissenschaftlich wirklich gesicherter Informationen, sondern auch zur Phantasie und Spekulation. Da die megalithischen Rätsel eindeutig *nicht* gelöst sind, müßten erfrischende Denkmodelle gefragt sein. Sie sind es nicht – ich mache mir keinerlei Illusionen. Populär vorgetragene Gedanken sind verpönt, man klopft sich lieber gegenseitig auf die Schultern.

Dies ist bedauernswert, und ich möchte zu bedenken geben, daß die gesamte Altertumsforschung letztlich vom steuerzahlenden Laien lebt. Die Resultate jeder Forschung sollten in Wissen und Erfahrung umgesetzt werden können. Welchen Sinn hat aber eine Wissenschaft, die ihre Erkenntnisse nur in Fachbüchern verklausuliert, derart umständlich und in verschachtelten Schlangensätzen, daß kein Normalbürger daraus schlau wird? Was hilft es, wenn eine kleine Gemeinde ihr Wissen unter sich behält, während die größere Gemeinde das Kauderwelsch nicht lesen mag?

Hochschullehrer beklagen sich oft: »Ja, *Ihre* Auflagen werde ich natürlich nie erreichen.« Dann, bitte, setzt doch euer Wissen mal populär um und tut nicht so, als sei jedes Sachbuch einer Diskussion unwürdig. Argumentiert auch nicht damit, die Populärliteratur enthalte Fehler. Sicher tut sie das, meine Bücher inbegriffen. Aber – Hand aufs Herz – ist denn die Wissenschaftsliteratur fehlerfrei? Die Geschichte belegt das Gegenteil. Uff!

»Die Archäologie, in der bisherigen Weise verstanden und angewendet, lehrt uns, wie die Menschen vergangener Zeiten gelebt haben, wie sie sich ernährten, welche Materialien sie verwendeten oder welche Begräbnisriten sie praktizierten. So wissen wir viel über die materiellen Begleitumstände unserer Vorfahren und tappen dennoch im dunkeln über ihre geistigen Vorstellungen. Das wirklich Bemerkenswerte an Erich von Dänikens Arbeit ist die Herbeiziehung der Mythologie und die Berücksichtigung einer neuen Dimension, des Weltalls, in den komplexen Bereich. Damit ist eine neue Kategorie in der Altertumsforschung entstanden: die Vereinigung von Archäologie und Mythologie [57].«

Der dies sagte, war Professor für Archäologie und Autor mehrerer Fachbücher: Prof. Dr. Bellamy Schindler. Ich habe ihn nicht zitiert, weil er mir schmeichelt, sondern weil er offensichtlich erkannte, woran es in seiner Zunft hapert.

Im Zusammenhang mit Megalithen sprechen die Mythen von Überwesen, Riesen und fliegenden Göttern/Halbgöttern. Das zählt nicht, das wird beiseite geschoben. *Wie lange noch?* Die Menhirkolonnen, Chromlechs und Dolmen in der Bretagne sind mathematisch-geometrisch untereinander verbunden. Das zählt nicht, die akademischen Schlußfolgerungen wären dann unzutreffend. *Wie lange noch?* Die weltweiten Steinkreise und astronomisch ausgerichteten ›Ganggräber‹ weisen eindeutige Gemeinsamkeiten im Denken der vorzeitlichen Menschen auf. Für diese Gemeinsamkeiten gibt es mythologische Bezüge. Das zählt nicht. *Wie lange noch?* Einst beeindruckten außerirdische Lehrmeister unsere technologisch rückständigen Vorfahren. Das zählt nicht. *Wie lange noch?* Man klebt an den ›natürlichen Erklärungen‹, auch wenn sie voller Löcher und Widersprüche sind.

»Die Sterne, die wir am Himmel sehen, gibt es vielleicht gar nicht mehr. Genauso verhält es sich mit den Idealen früherer Generationen« (Tennessee Williams, Schriftsteller, 1914–1983).

Die Brücke nach Südamerika

In Argentinien, Kolumbien, Peru und Chile lebten einst ›Megalithiker‹, die Steinkreise, Menhire, Dolmen und präzise verarbeitete Prunkstücke ihres Wirkens zurückließen – genauso wie ihre ›Kollegen‹ in Europa. Trotz des Anschauungsmaterials sind interkontinentale Querverbindungen

Einer der vielen Dolmen von San Agustín, Kolumbien.

nicht zulässig, weil es sie nicht gegeben haben darf. *Wie lange noch?* Die Steine sind da, sie lassen sich nicht hinter einem Vorhang verbergen. Seit Olims Zeiten steht in der Bretagne beim Dörfchen Crucuno eine rechteckige Steinsetzung aus 22 Menhiren. Länge: 34,20 Meter, Breite: 25,70 Meter. Fernand Niel wies überzeugend nach [58], daß das Crucuno-Rechteck kalendarische Bezüge aufweist. Über die Diagonalen lassen sich Sommer- und Wintersonnenwende ablesen, über die Längsachse Tag- und Nachtgleiche. Länge, Breite und Diagonalen des Crucuno-Rechtecks stehen im pythagoreischen Verhältnis von 3:4:5, das gesamte Rechteck ist ostwestlich ausgerichtet.

Das Gegenstück zum Crucuno-Rechteck steht im Hochland von Kolumbien, unweit des Dörfchens Leyva, eine Fahrstunde von der Provinzhauptstadt Tunja (2820 m ü. Meer) entfernt. Die »Piedras de Leyva« liegen oder stehen in einem rechtwinkligen Aushub, weder Ziegel noch Mauerreste deuten auf ein ehemaliges Gebäude hin. Das Rechteck aus insgesamt 42 Menhiren mißt 34,40 auf 11,60 Meter und ist – wie Crucuno – ost-westlich ausgerichtet. Der größte Menhir ragt heute noch 3,40 Meter aus dem Boden. Die Gesamtanlage ist genauso kalendarisch verwendbar wie Crucuno in der fernen Bretagne. Knapp einen Kilometer weiter liegen zwei erigierte, steinerne Penisse von 5,80 und 8,12 Metern Länge am Boden. Vielleicht animieren sie einen jungen Autor zu einem Bestseller: Das sexuelle Leben der Steinzeitler.

Eine Fahrstunde von Pitalito, einem kleinen, 1730 Meter hoch gelegenen Städtchen Kolumbiens, liegt in einer grünblauen Gebirgslandschaft San Agustín. Der Ort steckt voll scheußlicher und unverstandener Göttergestalten aus Stein und ebenso voller ›Ganggräber‹ und Dolmen à la Bretagne.

Schon 1911 kroch der Heidelberger Professor Karl Theodor Stöpel durch 30 Meter lange, unterirdische Schächte und wunderte sich über die gewaltigen Steinplatten [59]. Ein Jahr später folgte der Ethnologe Konrad Theodor Preuß (1869–1938), damals Direktor des Museums für Völkerkunde in Berlin. Er vermaß, was ihm unter die Augen kam, öffnete einige Gräber und war verblüfft, sie leer zu finden [60]:

»...die Lage des Kopfes der Verstorbenen ist nicht festzustellen aus dem einfachen Grunde, weil keine Spur von den Skeletten übriggeblieben ist... Da ich in ihnen [den Gräbern, EvD] nie die geringste Spur von Skeletten gefunden habe, so muß man schließen, daß sie vollständig in Staub zerfallen sind.«

Muß man? Arbeiten denn Grabräuber so blitzsauber, daß sie »nie die geringste Spur«, offensichtlich auch nicht von Skeletten, hinterlassen haben – oder wurden in den ›Ganggräbern‹ nie Tote beigesetzt? Immerhin öffnete Professor Preuß *unberührte* Dolmen! In San Agustín gibt es viele monolithische Dolmen aus Granit, eine Deckplatte vermaß ich mit 4,38 Metern Länge, 3,60 Metern Breite und 30 Zentimetern Dicke. Sie ruht wie schwerelos auf 2,50 Meter aus dem Boden ragenden Menhiren.

Derartige Gewichte hebt man nicht mit der bloßen Hand. Die Erbauer des »Waldes der Statuen«, so der Name des archäologischen Bezirkes, waren wohl nicht die primitiven Indios, die wir in ihnen sehen sollen. Wie in New Grange, der Bretagne und in Spanien müssen sie mit ausgereiften Techniken zu Werke gegangen sein, um in gebirgiger Landschaft solche Steinmassen bewegen zu können. Ach ja, nur noch diese Randpointe: Im Hochtal von San Agustín soll es keine Granitvorkommen geben. Wurde der Granit importiert? Wenn ja, wie?

Elektronisch kommunizieren wir rund um den Globus, doch 10 000 Kilometer Luftlinie scheinen für archäologische Querverbindungen eine unüberbrückbare Kluft. Warum befinden sich in Europa und in Südamerika identische Bauwerke? Weshalb liegen hüben wie drüben keine großartig bestatteten Fürsten in ihren ›Ganggräbern‹? Warum prunken die gigantischen Dolmen auf mehreren Kontinenten nicht mit den Namen, Wappen und Heldentaten ihrer hochverehrten Herrscher, sondern zeigen bloß Ornamentik aus Dreiecken, ›Fingerabdrücken‹ und Strichlinien? Was trieb unsere Vorfahren zu ihren globalen Aktionen? Im Zeitalter des Düsenjets ist es unmöglich, ernsthaft behaupten zu wollen, Steinkreise und Riesendolmen seien kein weltweites Phänomen.

Sie waren allgegenwärtig, diese nicht existierenden Megalithiker, und allgegenwärtig sind auch ihre vielfältigen Spuren. Auch wenn es niemals ein ›Megalithvolk‹ und eine eigentliche ›Megalithzeit‹ gab, muß es auf dem weiten Erdenrund doch ein Gedankengebäude gegeben haben, das die Steinmetzen und Architekten miteinander verband. Erstaunlich? Nicht besonders, wenn man weiß, daß die globalen Mythen ebenfalls interkontinentale Verflechtungen aufweisen.

Vor Jahren photographierte ich außerhalb der Stadt Nara, südöstlich der japanischen Stadt Kyoto, vollkommen unbegreiflich bearbeitete Gesteinsbrocken. Die wirklich titanischen, mit zarten Rillen, Ausbuchtungen und Fugen, mit Treppenstufen und Leisten versehenen Ungetüme hinterließen den Eindruck von modernen Betongüssen, nur eben: Es

Was war das? Ein moderner Panzerschrank? Der präzise bearbeitete Andesit-Block stammt aus dem megalithischen Cuzco, Peru.

ist kein Beton, sondern Granit. Sie erinnerten mich an sehr ähnlich bearbeitete und ebenso unverständliche Gesteinsmonster, die im Hochland von Bolivien und oberhalb der peruanischen Stadt Cuzco dieselben Rätsel aufgeben. Eine Bilderserie darüber veröffentlichte ich in: *»Die Spuren der Außerirdischen«*.

Die Fachwelt redet nicht gerne über die megalithischen Anlagen in Peru – wie soll man sie kommentieren? Daß es sie gibt, ist unbestritten.

Als Beleg einer nie verstandenen Technologie dieser hirnverrückten Steinzeitler füge ich diesem Band zwei besonders eindrückliche Bildbelege bei. Es darf geraten werden: Was war das? Wer eine gute Idee hat, möge mir doch schreiben, auch wenn ich nicht mehr in der Lage bin, alle Zuschriften zu beantworten (Adresse: Baselstraße 1, CH-4532 Feldbrunnen).

Altes und Neues aus Stonehenge

Evergreens in der steinharten Vergangenheit unserer Vorfahren sind die unzähligen Dolmen und die rund 900 (!) Steinkreise der britischen Inseln, allen voran – was sonst? – Stonehenge in der Grafschaft Wiltshire unweit des Städtchens Salisbury. Bei der Unmenge Literatur über Stonehenge müßte eigentlich alles ausgeschlachtet worden sein, doch scheint es, als ob sich die hängenden Steine immer wie-

Linke Seite: Wer eine Erklärung für diesen seltsam behauenen Granitblock oberhalb der Stadt Cuzco hat, möge mir doch bitte schreiben.

der in Erinnerung rufen. Man kann Stonehenge noch nicht zu den Akten legen.

Nun habe auch ich vor zehn Jahren bereits über Stonehenge berichtet [61], doch wie soll ich den neuen Lesern zumuten, sich auf die Jagd nach einem vergriffenen Buch zu machen? Willig oder widerwillig bleibt mir nichts anderes übrig, als noch einmal als Vorspeise die alte Kost vorzusetzen. Sie schmeckt immer noch ausgezeichnet. Erst dann wird der Hauptgang serviert.

Stonehenge entstand in drei Bauetappen. Die Lehrmeinung verlegt die älteste Etappe ins Jahr 2800 v. Chr. – ins Neolithikum, die Jungsteinzeit. Akzeptiert man diese Daten, dann muß damals irgendein Planer und Denker ans Werk gegangen sein, der Großes im Schilde führte. Es ist kaum anzunehmen, daß er seine Entwürfe auf eigene Faust und ohne Auftraggeber anging, dafür war die Auslegung des Komplexes zu gigantisch. Wer waren die Bauherren? Steinzeitliche Priester oder mächtige Herrscher? Man kann es nicht ermitteln, weil es um diese Zeit noch keine Schrift gab, ein Umstand, der die weitläufige Planung sicherlich arg behinderte.

Dabei verließ sich der weise Denker, der irgendwann den Anfang machte, auf jahrhundertealte Beobachtungen seiner Vorfahren. Viele Generationen vor ihm müssen Licht und Schatten von Sonnenauf- und -untergang auf dem Boden markiert haben, und auch die Mondphasen und Vorgänge am Firmament müssen ihnen geläufig gewesen sein. Auf welche Weise diese astronomischen Daten überliefert wurden, wird man nie erfahren, denn eine Schrift gab es, wie gesagt, um diese Zeit noch nicht. Aus den steinernen Tatsachen läßt sich nur ablesen, daß dem Architekten der Stunde

Null ein Bündel gesicherter Ermittlungen zur Verfügung gestanden haben muß. Mit welchen technischen Hilfsmitteln diese Informationen zustande kamen, bleibt unerfindlich.

Auf der Basis dieses Wissens sah sich der Chefarchitekt die Arbeitsgeräte seiner Mannschaft an – Werkzeuge aus Feuerstein, Knochen, Stein und Holz – und war sich darüber klar, daß sein Plan niemals in einer Generation vollendet werden konnte. Mit steinzeitlichem Weitblick und Vertrauen in die Zukunft baute er darauf, daß die nachfolgenden Generationen sein Werk mit der erstrebten Präzision weiterführen würden. Pfuscharbeit war nicht zugelassen.

Die erste Baustufe legte eine kreisförmige Einfassung ins Gelände mit einem Eingang aus zwei großen Steinblöcken und dem sogenannten Fersenstein – *heelstone* – außerhalb des Kreises. Danach wurde zur genauen Voraussage von Himmelsvorgängen innerhalb der wallähnlichen Einfassung ein weiterer Steinkreis gesetzt – markiert mit 56 Löchern, in die vermutlich Stangen gepflanzt wurden, um bestimmte Ziellinien anzuvisieren.

Damit man sich mit Sicherheit innerhalb der mathematisch festgelegten Punkte bewegte, ließ sich die Bauleitung vom internationalen Eichamt das Maß für den ›Megalithischen Yard‹ mit 82,9 Zentimetern geben, das auch gleich für die viel späteren Bauetappen das Einheitsmaß blieb.

Der erste Architekt war nicht nur ein genialer Mathematiker und Astronom, er war auch ein Hellseher von Format, denn er verplante schon zu seiner Zeit 4,5 Tonnen schwere ›Blausteine‹, die erst 700 Jahre nach Baubeginn eingefügt wurden. Ein tolles Ding! Und das noch ohne schriftliche Anweisungen.

Die Entdeckungen

König Jakob I. (1603–1625) stolperte nicht nur über das Steingewirr von Stonehenge, sondern wollte auch wissen, was das alles einstmals gewesen war. Er beauftragte seinen Hofarchitekten Inigo Jones (1573–1652), der Sache auf den Grund zu gehen. Dem Fachmann Jones paßte der spontane Auftrag, zudem imponierten ihm alte Rätsel. Jones registrierte etwa 30 Steinblöcke von schätzungsweise 25 Tonnen Gewicht bei einer Höhe von 4,3 Metern – erkennbar im Kreis gereiht, auch wenn einige umgestürzt waren. Dazu bemerkte Jones eingemeißelte Zapfenlöcher und ihre Gegenstücke und schließlich einen Monolithkreis mit fünf Trilithen, Dreisteine aus graugelblichem Silizium-Sandstein. Was berichtete Inigo Jones seinem König? – Daß es sich um die Ruinen eines römischen Tempels handle.

Wenige Jahre nach dieser Recherche stürzte ein Dreistein – zwei senkrecht stehende Steine mit einem Querstein – auf den sogenannten Altarstein. Am 3. Januar 1779 »krachte das nächste der steinernen Tore zusammen« [62]. An Stonehenge nagte der Zahn der Zeit.

Es scheint, als ob Könige mehr Interesse an unserer rätselhaften Vergangenheit hatten als die Potentaten unserer Zeit, die kaum mit der Gegenwart, geschweige denn mit der Zukunft fertig werden. Denn Englands König Karl II. (1660–1685) beauftragte den im Umgang mit Altertümern kundigen John Aubrey, sich nach Stonehenge zu begeben. Aubrey entdeckte 1678 die 56 Löcher, die seitdem als ›Aubrey-Löcher‹ festgeschrieben sind. Was wußte Aubrey seinem König zu erzählen? Das mit dem römischen Tempel sei ein Unsinn, es handle sich vielmehr um ein altes Heiligtum der Druiden (= keltische Priester). Heute noch versammeln sich Anhänger des Druiden-Ordens unserer Tage zur Sommersonnenwende in Stonehenge und erwarten mit Gesängen die Sonne, die, falls man von der Mitte des Altarsteines nach Osten blickt, exakt über dem Fersenstein aufgeht.

Fast 200 Jahre später, nämlich 1901, beschäftigte sich Sir Joseph Norman Lockyer (1836–1901) mit dem Phänomen von Stonehenge. Mit Lockyer stapfte ein hervorragender Fachmann übers Gelände: er war Astronom und Direktor des Sonnenobservatoriums in South Kensington. Lockyers astronomische Studien ließen ihn die Anlage von Stonehenge ins Jahr 1860 v. Chr. verlegen – mit einer Differenz von plus/minus 200 Jahren. Dieses Datum lag weit vor der keltischen Zeit. Die Kelten sind erst im 6. Jahrhundert v. Chr. faßbar. Damit verblühte die Mär vom Druiden-Heiligtum.

In unserem Jahrhundert wurde die Erkundung von Stonehenge lebhafter. Man fand Feuersteinbeile und Sandsteinhämmer und rätselte über die Herkunft der großen Steine. Zwar gab es im Umkreis von 30 Kilometern Sandsteinbrüche, doch keine ›Blausteine‹. Indes, sie lagen unübersehbar in Stonehenge herum.

Im Auftrag des königlich-britischen Vermessungsdienstes übernahm 1923 ein Dr. Thom die Fahndung und ermittelte die Herkunft der ›Blausteine‹ aus einem kleinen Blausteinvorkommen in den Prescelly-Bergen in der Grafschaft Prembrokeshire, Südwales. Der Fund hatte einen Schön-

Folgende Doppelseite: Das unsterbliche Stonehenge, England, steht im Zentrum von verschiedenen Ley-Lines.

heitsfehler: Die Prescelly-Berge liegen gute 220 Kilometer Luftlinie von Stonehenge entfernt. Auf dem Landweg sind es rund 380 Kilometer. Erstaunlich auch, daß der ursprüngliche Chefplaner diese besonderen Steine bereits in seinem Denkmodell berücksichtigt hatte.

Heute steht einwandfrei fest, daß die ›Blausteine‹ tatsächlich aus den Prescelly-Bergen stammen. Nur über den Transport der Schwergewichte läßt sich weiter debattieren. In herzlichem Einvernehmen einigten sich die Fachleute auf die ›natürliche Lösung‹, die weltweit angeboten wird. Die Riesensteine wurden von den Prescelly-Bergen auf Schlitten bis zu einem Fluß gezerrt und gezogen und dort mittels Flößen auf Schiffe verladen. Nach lustiger Seefahrt, meint Professor Atkinson vom Archäologischen Departement der Universität Cardiff, wurden die ›Blausteine‹ dann auf Boote umgeladen, »die aus mehreren nebeneinander liegenden Einbäumen bestanden und auf einem gemeinsamen Deck den Felsen tragen konnten« [63]. Um diese Theorie zu beweisen, wurde ein praktischer Test veranstaltet: drei vertäute Pontonboote mit Balken darauf bildeten das Deck, auf dem man Steine von Größe und Gewicht ihrer Stonehenge-›Kameraden‹ festzurrte. Vier junge Männer stakten die Last flußaufwärts, vierzehn zogen den Block auf einem Schlitten über grob bearbeiteten Rollen einen Hang hinauf.

Dieser seither dauernd bemühte Transportbeweis ist nicht lupenrein. Man setzt nämlich stillschweigend Geräte und Werkstätten voraus, die es schwerlich gab: etwa Schiffswerften, die vorher Modelle ausprobieren mußten, Seilereien, die Taue für Schwerlasten fertigten, Kräne, wenn auch simpelster Art... Falls hier der Einwand kommt, um 2100 v. Chr. hätten die Inselbewohner ihre Steinzeit schon überwunden, dann ist klarzustellen, daß die ›Blausteine‹ erwiesenermaßen *vor* der zweiten Bauetappe vorhanden waren. Dieser Widerspruch ist auch Prof. Atkinson nicht entgangen, denn er gesteht: »Wir werden nie genau wissen, wie die Steine transportiert wurden.«

Am 26. Oktober 1963 veröffentlichte die naturwissenschaftliche Zeitschrift »*Nature*« eine Zuschrift des Astronomen Gerald Hawkins vom Smithsonian Astrophysical Observatory, Massachusetts. Hawkins publizierte, Stonehenge sei mit Sicherheit eine astronomische Beobachtungsstation gewesen – 24 Richtungsbauten und Sichtmöglichkeiten wiesen auf astronomische Zusammenhänge hin. Diese Behauptungen untermauerte Hawkins in seinem Buch: »*Stonehenge Decoded*« [64].

Hawkins wollte wissen, daß die 56 Aubrey-Löcher in geraden Linien miteinander und mit dem Fersenstein, aber auch mit den ›Blausteinen‹ und Trilithen in Verbindung stehen. Er trichterte einem Computer 7140 mögliche Verbindungslinien ein und ließ ihn errechnen, ob bestimmte Linien häufiger in Konnex mit Gestirnen stehen, als es der Zufall erwarten läßt.

Die Daten verblüfften. Stonehenge erwies sich als ein Observatorium, eine große Sternwarte, mit deren Hilfe sich ganze Ketten von astronomischen Voraussagen machen ließen. So wußten die steinzeitlichen Astronomen, daß der Mond in genau 18,61 Jahren zwischen einem nördlichsten und einem südlichsten Punkt pendelt. Vom Zentrum des Steinringes aus konnten sie über dem Fersenstein den Sonnenaufgang zur Sommersonnenwende beobachten, und ihnen war die Vorausbestimmung von Sonnen- und Mondfinsternissen ebenso möglich wie der exakte Sonnenaufgang am Tag der Wintersonnenwende sowie des Mondaufganges zur Sommersonnenwende.

Obschon Professor Atkinson, der ›Papst‹ von Stonehenge, sich in der Zeitschrift »*Antiquity*« [65] über die Ergebnisse seines Kollegen Hawkins mokierte, blieb es schließlich dabei: Stonehenge war ein steinzeitliches Observatorium, das hervorragende astronomische Daten lieferte.

Auch Professor Alexander Thom, derselbe, den ich im Zusammenhang mit den Menhirkolonnen in der Bretagne erwähnte, bediente sich eines Computers. Er untersuchte einige hundert europäische Steinsetzungen nach astronomischen Gesichtspunkten. Die Resultate hätten nicht eindeutiger ausfallen können: Über 600 der untersuchten steinzeitlichen Monumente weisen astronomische Koordinaten auf. Die vorgeschichtlichen Baumeister hatten nicht nur Sonne und Mond anvisiert, sondern auch die Bahnen vieler Fixsterne wie Kapella, Kastor, Pollux, Wega, Antares, Atair und Deneb [4,66].

Professor Alexander Thom und sein Sohn Alexander, die wohl gründlichsten Kenner der britischen Megalithanlagen, schreiben [41]:

»Man kann sich schwer vorstellen, wie die Baumeister im Megalithikum ihre Monumente entworfen und ausgeführt haben, ohne diese (astronomischen) Hilfsmittel; und doch war es genauso... Die Bauleute des Megalithikums haben mit der Geometrie experimentiert und Meßregeln aufgestellt. Wir wissen nicht, in welchen Beziehungen diese Vorstellungen zu ihren anderen Institutionen standen, aber *aus irgendeinem Grunde* waren die von ihnen erforschten mathematischen Prinzipien für sie wichtig genug, um dem Stein anvertraut zu werden.«

Stonehenge. Zwei der Trilithen.

So ist es. Astronomische Daten spielten im Denken der Megalithiker eine entscheidende Rolle. Weshalb? Einer der dümmlichsten Gründe ist der, die Priester hätten die Anlagen verlangt, um endlich die Jahreszeiten vorauszusagen, Fluten und Springfluten berechnen, Sonnen- und Mondfinsternisse prognostizieren zu können. Mangels Schrift mußten demnach riesige Steine herangeschleppt und aufgetürmt werden, um zu offenbaren, was jedermann ohnehin beobachtete: das tägliche Anbranden der Flut, die im Rhythmus von zwei Wochen fälligen Springfluten, das Herannahen des Frühlings und das Aufziehen der Herbstzeit. Die richtige Zeit für Saat und Ernte sei damals von entscheidender Bedeutung gewesen, und priesterliche Voraussagen deshalb unerläßlich, lese ich.

Was jeder weiß, macht auch nicht heiß

In meinem Zimmer steht mein Bett seit x-Jahren in derselben Ecke. Jedes Jahr zwischen dem 26. März und dem 4. April sticht die aufgehende Sonne voll in meine verschlafenen Augen. Ich könnte Striche an der Rückwand meiner Schlafstatt anbringen und prognostizieren, daß sich das Spiel im nächsten Jahr zur selben Zeit wiederholt. Auch ohne Uhr, Wecker oder Kompaß ist alljährlich dieselbe Tageszeit, wenn der Sonnenstrahl Strich eins an der Wand küßt. So einfach ist das.

Und daß es in vorgeschichtlicher Zeit genauso simpel passierte, belegen unzählige Kalender der Naturvölker. Die Indios im Chaco Canyon, Neu-Mexiko, bedienten sich schon vor Jahrtausenden eines derartigen Wandkalenders. Sie hatten bemerkt, daß im Laufe des Jahres der Sonnenstrahl, der durch einen Felsspalt schien, immer wieder dieselbe Kurve beschrieb. Sie ritzten an die Stelle, an welcher der Lichtstrahl den höchsten Punkt erreichte, eine Spirale. Durchläuft der Lichtstrahl die 40 Zentimeter hohe Spirale in genau 18 Minuten, dann ist Sommersonnenwende. Aus einer nahe liegenden Felsspalte schneidet ein zweiter Lichtstrahl eine kleine 13-Zentimeter-Spirale: dann ist Herbstbeginn. Wenn beide Lichtstreifen die große Spirale links und rechts tangieren, dann ist Wintersonnenwende. So einfach ist das [67].

Denn eine astronomische Voraussage für den Frühjahrsbeginn oder den Herbstanfang nützt gar nichts, wenn die Natur nicht mitspielt. Was hilft das hohepriesterliche Kommando: »Der Frühling ist da, die Saat muß in die Erde!«, wenn es im betreffenden Jahr noch weitere sechs Wochen schneit? Die prognostizierenden Priester hätten sich entsetzlich blamiert! Auch der Ruf: »Herbst! Die Ernte ist reif!«, ist für die Füchse, wenn die Natur nicht mitspielt. Gerade die vorgeschichtlichen Völker, näher am Busen der Natur als wir, wußten auch ohne kalendarische Monsterbauten, wann die Zeit günstig war für die Saat und wann die Früchte reif waren. Die megalithischen Anlagen beweisen ein hohes astronomisches und bautechnisches Wissen. Die ›Steinzeitler‹ waren nicht bescheuert. Sie hätten sich für die generationenlange Schufterei bedankt, nur um einen Kalender zu konstruieren, den in der Praxis keiner brauchte.

Der Jahrhunderte währende Arbeitsaufwand und die monumentale Wucht der verwendeten Megalithen weisen auf ein anderes Ziel als einen Gebrauchskalender für den Alltag hin. Es ging um eine zeitlose Botschaft, um ein Denkmal für Jahrtausende. Nicht nur, weil sich kalendarische Daten mit viel bescheidenerem Aufwand ermitteln ließen, sondern auch astronomische Messungen und Beobachtungen konnten vergleichsweise einfacher hereingeholt werden. Einige Beispiele:

In den Big-Horn Mountains von Wyoming, USA, liegt auf knapp 3000 Metern Höhe ein Kreis aus unzähligen kleinen Gesteinsbrocken, bekannt unter dem Namen ›Medicine-wheel‹. Im Zentrum des großen Kreises von 25 Metern Durchmesser ein kleinerer Kreis, vergleichbar einer Radnabe. Von der »Radnabe« zum äußeren Kreis – zum Rad – verlaufen steinerne Speichen, und außerhalb des Rades liegen sechs kleinere Steinanhäufungen. Hier ist gar nichts monolithisch, es wurde klein-klein gearbeitet. Dank der »Radnaben«, »Speichen« und Steinhäufchen lassen sich prächtige kalendarische und astronomische Voraussagen machen. Das

›Medicine-wheel‹ von Wyoming ist nichts Einzigartiges, ähnliche Räder gibt es im südlichen Alberta (Kanada), in Kalifornien, Mexiko und Peru. Selbst im fernen Inselreich Japan wimmelt es von Steinrädern, die *nicht* in megalithischer Manier zusammengetragen wurden und dennoch vorzügliche astronomische Daten lieferten [68].

Vergleichbare Beispiele existieren zuhauf. Im Rahmen der jungen Wissenschaft Archäoastronomie sind Dutzende von kalendarisch und astronomisch angelegten, größeren wie kleineren Bauwerken untersucht worden [69,70,71,72]. Das Resultat war stets dasselbe: Die Menschen der Frühzeit ›klebten‹ am nächtlichen Firmament. Sie verstanden es, die gesuchten Daten mit oft sehr wenig Arbeitsaufwand hereinzuholen. Damit möchte ich untermauern, daß weder zu astronomischen noch zu kalendarischen Zwecken megalithische Großanlagen vonnöten waren.

Märchenstunde

Was ist nicht alles zur Begründung von Stonehenge und vergleichbaren Steinkreisen herangezogen worden? Um 2800 v. Chr. sei es in der nördlichen Hälfte Europas trockener und wärmer gewesen als heute, lese ich, wenn auch nur in einem populären Jugendmagazin [73]. Weite Teile Englands hätten dichte Wälder getragen, in denen Viehherden weideten, und die dünne Besiedlung sei der Grund für den beträchtlichen Reichtum der Viehzüchter gewesen. Dieser Reichtum habe den Viehzüchtern viel Muße geschenkt, und diese hätten sie genutzt, um schöpferische Ideen für den Lebenskampf zu gebären. »Die Idee Stonehenge dürfen wir diesen Züchtern also selbst für den Fall zutrauen, daß ihr Leben einförmig und primitiv verlaufen wäre« [73].

Das ist zwar nur eine Theorie, und Theorien müssen erlaubt sein, doch will die Rechnung in meinem Kopf nicht aufgehen. Für 2800 v. Chr. wird die Bevölkerungsdichte mit zwei Personen pro Quadratkilometer angenommen. Auch kleine Städte soll es nicht gegeben haben. »Viehzüchter« müssen ihre Tiere schlachten. Für wen? Diese »Viehzüchter« hatten »viel Muße« – eben, weil es wenig zu beliefern gab. Müßiggang ist aller Weisheit Anfang! Aus dem Dolcefarniente entstand eine neue Kultur, die »Gedächtniskultur«. Das muß einem einfallen. Weil die bequemen Viehzüchter keine Schrift kannten, ersannen sie Stonehenge. Und da Viehzüchter auch an der Natur nicht merkten, wann Frühjahrsbeginn war und sie ihre Viecher nicht mehr mit getrockneter Winterkost abfüttern mußten, brauchte man einen gigantischen Steinkalender, der je nach Klima im betreffenden Jahr überhaupt nichts nützte. Potztausend!

Was war denn die Motivation für die Tausende von Steinkreisen in anderen Teilen der Welt? Mammutzucht oder ein Flohzirkus? Wenn Jungsteinzeitler Anlagen wie Stonehenge produzierten, müssen ihre Vorgänger noch einfältiger im Geiste gewesen sein. So will es die Glaubenslehre der Evolution. Wo sind sie denn, wo blieben sie denn, die Vordenker der Bauten à la Stonehenge, Bretagne, New Grange usw.? Die Erbauer der Megalithanlagen müssen Vorläufer gehabt haben, die – Generation um Generation – kleine Portionen an Wissen sammelten, vermehrten und weitergaben. Wo sind sie, diese Kletteraffen auf dem Wege zur Weisheit? Es gab niemanden auf dem weiten Erdenrund, von dem die

Megalithiker Lehrbücher, Meßgeräte oder Tabellen übernehmen konnten, die sie befähigt hätten, urplötzlich tolle Observatorien mit raffinierten Beobachtungs- und Voraussagemöglichkeiten zu errichten.

Es sieht aber so aus, als ob die megalithischen Architekten alles nötige Basiswissen an Mathematik, Geometrie und Astronomie parat gehabt hätten und auch noch über ein Einheitsmaß verfügten. Ohne Fortbildungslehrgänge beherrschten sie hervorragende Materialkenntnisse, behämmerten Granit, Andesit, Basalt, Quarz und – in Stonehenge – Dolerit und Rhyolit. Einige Jahrzehnte lang übten sie sich im Floßbau, wobei tonnenschwere Brocken immer wieder unwiederbringlich absoffen. Holz splitterte, Seile rissen, Männer wurden erdrückt, die Hände waren von den Steinfäustlingen blutig geschlagen, doch all dies demoralisierte die Sippe nicht, ein Kalender mußte her!

In der pseudowissenschaftlichen Märchenstunde fehlt mir das überzeugende Motiv, die Antriebsfeder für die gewaltige Leistung, und es fehlt ein triftiger Grund für den Ursprung der wissenschaftlichen Erkenntnisse. Geometrie, Mathematik und Astronomie zählen schließlich zu den exakten Wissenschaften.

Von früher Zeit an sind heilige Steine mit den ›Göttern‹ oder deren Abkömmlingen in Zusammenhang gebracht worden. Weltweit, versteht sich. In Stonehenge soll der Zauberer Merlin tätig geworden sein, derselbe Merlin, der als Ratgeber des sagenhaften Königs Artus und seiner Tafelrunde genannt wird. Natürlich ist das Legende, denn König Artus taucht erst im 6. nachchristlichen Jahrhundert auf, während Stonehenge gute 2000 Jahre älter ist.

Legenden haben ein langes Leben. Sie werden immer wieder neu erzählt, in andere Stories eingewoben und haben doch einen uralten Kern. Der Mönch Geoffrey von Monmouth bringt in seiner *»Historia Regnum Britanniae«* Stonehenge mit Merlin in Verbindung [74]. Der Himmel mag wissen, welche Quellen Mönch Geoffrey benutzte. Jedenfalls behauptet Merlin in der Legende, Riesen hätten die Steine »aus dem fernen Afrika herbeigebracht«, denn in diesen Steinen »liegt ein Geheimnis«.

Eine kosmische Botschaft

Einer, der sich aufmachte, das Geheimnis von Stonehenge zu knacken, ist Dr. Vladimir I. Tjurin-Avinsky, Geologe und Mitglied der sowjetischen Akademie der Wissenschaften. Avinsky, Verfasser unzähliger wissenschaftlicher Beiträge, verblüffte seine Kollegen bereits 1973 auf dem 2. internationalen SETI-Symposium mit dem neu eingeführten Begriff »paleocontact«. (SETI = Search for extraterrestrial intelligence. Paleocontact = vorgeschichtlicher Kontakt von Außerirdischen mit Erdbewohnern.) Im November 1975 hielten Avinsky und der Physiker O. Tereschin in der Physikabteilung des Moskauer Vereins für Naturforschung einen Vortrag mit dem Titel: *»Die hohen mathematischen und astronomischen Kenntnisse der Erbauer von Stonehenge«*. Der Vortrag wurde später zum Referat des Jahres erklärt. Auf der 16. Weltkonferenz der *»Ancient Astronaut Society«* in Chicago ließ Avinsky die Katze auch für westliche Zuhörer aus dem Sack: *Stonehenge enthält eine kosmische Botschaft!* Wie kommt man darauf?

Tereschin und Avinsky studierten die Arbeiten von Thom und Hawkins. O-Ton Avinsky [75]:

»Stonehenge ist buchstäblich kreuz und quer untersucht worden. Die vorangegangenen Forscher betrachteten Stonehenge von historischen, archäologischen und astronomischen Gesichtspunkten, doch sind seine quantitativen und systematischen Beziehungen zu anderen megalithischen Denkmälern nie analysiert worden.«

Die beiden Sowjetgelehrten taten, was Kleingeister nie tun: Sie blickten über den Tellerrand. Sie wollten wissen, ob sich denn andere Steinkreise in relativer Nähe zu Stonehenge auch in ein einheitliches, geometrisches Schema fügen ließen und entdeckten so etwas wie einen mathematischen »Schlüssel«, der zu allen Steinsetzungen paßte. Dieser »Schlüssel« ergab sich aus dem Winkel der Mondneigung auf der Breite von Stonehenge am Tag der Tag- und Nachtgleiche. Aus diesem »Mondwinkel« ließen sich Pentagramme und Elfecke ableiten, die sich beliebig über Stonehenge und andere Steinkreise stülpen ließen. In Stonehenge ergaben sich verblüffende Daten wie die nördliche Breite von Stonehenge, der Erddurchmesser, der Polarradius, die mittlere Entfernung Erde–Mond, der mittlere Radius der Mondbahn sowie die Größe und die Distanz der fünf erdnahen Planeten. Avinsky meinte, irgendwelche »Urväter« hätten uns eine Abituraufgabe zurückgelassen. Avinsky:

»Das Verständnis für die Bestimmung von Stonehenge ist ohne die Akzeptanz von kosmischen Kontakten zu unseren Urvätern kaum möglich.«

Damit ist die Götterkarte ausgespielt, und wenn ich es mir gründlich überlege, ist der Einfluß von ETs auf die Megalithiker eine ›natürlichere Erklärung‹, als die ›natürlichen Erklärungen‹ so mancher Gelehrter. Die bisherigen Lösungsvorschläge ließen unzählige Fragen im Raume stehen, sie paßten nie ideal ins vorgegebene Modell. Mal konnte man sich die Transportleistungen erklären, doch nicht die Materialkunde, mal die Steinwerkzeuge und Holzrollen, aber nicht die pythagoreischen Dreiecke. Mal wurde der Fundort der ›Blausteine‹ (Stonehenge) lokalisiert, aber es gab keine Erklärung, weshalb gerade diese und keine anderen, viel näher gelegenen Monolithen zur Anwendung gelangten. Mal gab es vernünftige Theorien über die Entstehung regionaler Steinkreise, aber diese erklärten nichts über den globalen Steinkreisfimmel. War man sich endlich sicher, daß Steinkreise mit dem Fixsternhimmel und dem Kalender zu tun hatten, paßte diese Lösung wieder nicht auf die Menhirkolonnen und geometrischen Botschaften in der Bretagne. Mal datierte man eine megalithische Anlage auf 4000 v. Chr., dann auf 2800 v. Chr. oder in noch jüngere Zeit, aber es gab keine Verbindungslinie, kein zwingendes Motiv, *weshalb* die ›Steinzeitler‹ über Jahrtausende taten, was sie offenbar tun mußten. Es fehlte der einheitliche, religiöse Gedanke. Und völlig außer acht gelassen wurde stets der völkerverbindende Mythos. Er zog nie in die Hypothesen der Archäologen und Archäoastronomen ein.

Keiner ist wertfrei

Bei wissenschaftlich vorgetragenen Hypothesen kommt es nicht nur darauf an, ihre Aussage an möglichst zahlreichen Indizien zu belegen, vielmehr sollten These und Antithese gegenübergestellt werden. Ziel darf nicht sein, mit allen Mitteln und durch einseitige Auswahl die eigene These zu zementieren, sondern es muß versucht werden, sie durch überzeugende Argumente zu widerlegen. Stellt sich bei einem derartigen Test heraus, daß die Mehrzahl der Indizien *für* die These sprechen, dann darf sie als *vorläufig* richtig angesehen werden. Bei vorläufigen Thesen kann aber erst in der Zukunft entschieden werden, ob nicht neue, relevante Indizien auftauchen, welche die alte These in Frage stellen. Wenn sich die These in Zukunft durch neues Wissen als unbefriedigend herausstellt, kann versucht werden, entweder eine neue These aufzustellen oder die alte These strukturell zu relativieren.

Ich denke nicht daran zu behaupten, meine Hypothese sei die einzig akzeptable, und ich gebe auch sofort zu, bei meiner Indizienauswahl sowenig wertfrei zu handeln wie die Wissenschaft. Und doch hat die Hypothese von einer Beeinflussung von ETs auf die junge Menschheit einen höheren Wahrscheinlichkeitswert als die bisherigen Spielarten aus der Archäologie. Weshalb? Ich *kenne* die archäologischen Hypothesen und berücksichtige sie in meinem Denkmuster – umgekehrt nicht. Ich *kenne* die mythologischen Bezüge und baue sie in mein Modell ein – umgekehrt nicht. Eine Hypothese, die hochinteressante Bezüge von vornherein als nicht relevant ausklammert, wird auf längere Sicht scheitern müssen. Und was die Wertfreiheit oder Unfreiheit angeht, die man mir ankreuzt, lasse ich lieber Sir Karl Popper zu Worte kommen [76]:

»Wir können dem Wissenschaftler nicht seine Parteilichkeit rauben, ohne ihm auch seine Menschlichkeit zu rauben. Ganz ähnlich können wir nicht seine Wertungen verbieten oder zerstören, ohne ihn als Menschen und als Wissenschaftler zu zerstören. Unsere Motive und unsere rein wissenschaftlichen Ideale, wie das Ideal der reinen Wahrheitssuche, sind zutiefst in außerwissenschaftlichen und zum Teil religiösen Wertungen verankert. Der objektive und wertfreie Wissenschaftler ist nicht der ideale Wissenschaftler. Ohne Leidenschaft geht es nicht, und schon gar nicht in der reinen Wissenschaft. Das Wort ›Wahrheitsliebe‹ ist keine reine Metapher. Es ist also nicht nur so, daß Objektivität und Wertfreiheit für den einzelnen Wissenschaftler praktisch unerreichbar sind, sondern Objektivität und Wertfreiheit sind ja selbst Werte. Und da also die Wertfreiheit selbst ein Wert ist, ist die Forderung der unbedingten Wertfreiheit paradox.«

Das gilt für uns alle, ob wir in diesem oder jenem Boot sitzen. Der Mensch ist nun mal kein Roboter, wir alle sind – Gott sei Dank, möchte ich beifügen – ungleich. Die Hypothese von einer Beeinflussung vorzeitlicher Menschen durch Außerirdische vermag mehr offene Fragen zu beantworten als jede bisherige Hypothese. Dies keineswegs nur bezogen auf die unverstandenen Megalithbauten, sondern auch auf Fragen wie:

– Die Entstehung der Intelligenz – Der Urbeginn der Religionen – Der Urkern globaler Mythen – Die Götterbeschreibungen in alten Texten mit »Rauch, Feuer, Beben, Lärm« – Die Erklärung für die »himmlischen Lehrmeister« – Die Namensliste der »gefallenen Engel« im Buche des Propheten Henoch – Die Frage nach Gott und seinem Gegenspieler – Die Schilderung von göttlichen Strafgerichten in vorgeschichtlichen Zeiten – Die legendären Urkönige oder Urväter – Das Entschwinden mythologischer Gestalten »in den Himmel« – Die in alten Texten erwähnten Zeitverschiebungseffekte – Die Angst vor der Wiederkunft der Götter – Die frühesten Opfergaben für die Götter – Die Reinigungsrituale, um in die Nähe der Götter zu gelangen – Die Entstehung alter Symbole und Kulte wie Sonnen- und Sternenkult – Die gleichartigen Götterdarstellungen mit »Strahlenkränzen« auf Felszeichnungen rund um den Globus – Die Entstehung riesiger Scharrbilder auf allen Kontinenten, die nur aus der Luft einsichtbar waren – Das technologische, mathematische und geometrische Wissen unserer Vorfahren ›aus dem Stand‹ – Die Bestätigung der alten Historiker, die über die »himmlischen Lehrmeister« und die Generationen von Göttern/Halbgöttern berichteten – Die Bestätigung der »fliegenden Apparate« in den altindischen Texten – Die Erklärung für Riesen und für das weltweite Phänomen der deformierten Schädel... usw. usw.

Die archäologischen, theologischen und ethnologischen Hypothesen zum Verständnis verschiedener Verhaltensweisen des vorgeschichtlichen Menschen vermögen stets nur Bruchteile der offenen Fragen abzudecken. Die Hypothese von einer außerirdischen Beeinflussung hat Antworten auf alle Fragen, sie paßt überall. Die ›Götter‹, die einst durch eine gezielte, künstliche Mutation den Homo sapiens aus dem vorhandenen Vormenschen kreierten, rechneten damit, daß wir dermaleinst über ihre Spuren stolpern müßten. Bis jetzt wollten wir diese Botschaften aus längst vergangenen Epochen nicht zur Kenntnis nehmen. Es gibt aber Spuren, die derart dick aufgetragen sind, daß wir sie zur Kenntnis nehmen *müssen*.

5. KAPITEL

EINE UNGLAUBLICHE GESCHICHTE

> »Kein Vormarsch ist so schwer wie der zurück zur Vernunft.«
> *(Bertolt Brecht, 1898–1956)*

Viele Völker sind stolz auf ihre Nationalheiligtümer. Damit meine ich geschichtsträchtige Plätze aus längst vergangenen Zeiten. Wir Schweizer haben die Rütliwiese über dem Vierwaldstättersee zum Nationalheiligtum erkoren, denn dort, so will es die Überlieferung, erhoben die Urschweizer die Hand zum Schwure. Für die Griechen sind die Akropolis und Olympia Nationalheiligtümer, für die Ägypter die großen Pyramiden von Gizeh – und für die Dänen ist es der Trælleborg.

»Trælleborg? – Was soll das sein?« erkundigte sich ein Bekannter. »Eine dänische Biermarke oder ein neuer Brotaufstrich?«

»Der Trælleborg«, so die offizielle Betrachtungsweise, »ist eine Burg aus der Wikingerzeit« [77]. Unter »Burg« stellt man sich ein Kastell vor, eine Trutzburg mit Wehrmauern, Schießscharten und Wassergraben. Der Trælleborg ist ganz anders. Man nehme einen Zirkel und schlage einen Kreis, dann einige Zentimeter weiter noch einen Kreis, nochmals einen und weil's so schön ist, gleich noch einen vierten. Damit ist die Anlage »Trælleborg« skizziert. Der innerste Kreis besteht aus einem 17 Meter dicken und sechs Meter hohen Wall aus kleinen Steinen und Erdaufschüttungen. Der innere Radius beträgt 68 Meter. Dann folgt ein Wallgraben von 17 Metern Breite und erneut eine kreisrunde Aufschüttung mit dem doppelten Radius der ersten: 136 Meter. Um das Ganze herum wieder ein kleiner Graben und nochmals ein Kreis. Jetzt nehme man zwei kreuzweise übereinander genagelte Latten und lege sie in Nord-Süd- und Ost-West-Richtung über alle Kreise, mit dem Kreuzmittelpunkt im Zentrum des innersten Kreises. Wie sieht das Bild aus? Vier Kreise, der innerste Kreis ist unterteilt in vier gleichgroße Quadranten.

Jetzt denke man sich 13 Schiffchen, vorne und hinten nicht ganz spitz, sondern in elliptischer Form abgerundet. Diese Schiffchen plazieren wir nebeneinander zwischen dem dritten und vierten Kreis, jedoch nur in *dem* Viertel des Kreises, der genau zwischen Osten und Süden liegt. Dabei ist die Achse aller Schiffchen auf das Zentrum des inneren Kreises ausgerichtet. Ein sauberes Bild, aber es ist noch nicht ganz fertig. Durch die kreuzförmigen Latten ist der innere Kreis in vier Karrees unterteilt worden. In jedes Karree pflanzen wir nochmals vier Schiffchen, insgesamt 16, je zwei in Nord-Süd und zwei in Ost-West-Richtung, und fertig ist der Grundplan vom Trælleborg.

Die dänischen Ausgräber, die den Trælleborg restaurierten, fanden zwar keinerlei Holz von irgendwelchen Gebäuden oder »Schiffchen«, doch bewiesen die steinernen Fundamente im Boden die allgemeine Ausrichtung. Genau so und nicht anders war sie. Das verblüffte, denn wer sonst als die Wikinger sollten hier gehaust, hier eine Militärbasis errichtet haben? Doch gerade die Wikinger hatten sich in ihren Siedlungen niemals irgendeiner astronomischen Präzision unterworfen. Der straffe Grundriß, der geniale Ingenieure voraussetzte, paßte überhaupt nicht ins Denken der Wikinger. Die Wikinger waren seefahrende Haudegen, und wenn sie schon eine Befestigung anlegten, dann zum Schutze ihrer Häfen und Boote. Der Trælleborg liegt an keinem Hafen. Früher, soviel ist bekannt, waren drei Seiten von einem Sumpf umgeben. Heute liegt der Trælleborg drei Kilometer Luftlinie landeinwärts am Großen Belt auf derselben Insel, auf der sich auch die Hauptstadt Kopenhagen ausbreitet. Die Archäologen fanden Holzreste – nicht von irgendwelchen Gebäuden oder Schiffen –, sondern am Ringwall. Diese Reste ließen sich auf das Jahr 980 unserer Zeit datieren. Damals beherrschten die Wikinger das Gebiet. Im Trælleborg wurden auch Zangen und Hämmer, einige Broschen, Gürtelschnallen, Äxte und Speerspitzen entdeckt – alle aus der Wikingerzeit. Es gab keinen Zweifel: Ein Wikingerstamm mußte im Trælleborg gehaust haben.

Aber stammte auch die Anlage von ihnen oder hatten sie sich in einem alten, längst bestehenden Heiligtum breitgemacht? Diese Frage beschäftigte auch den Chefausgräber, den dänischen Archäologen Poul Nörlund [78]:

»Die Anlage ist allzu klar und regelmäßig, als daß sie von unseren nordischen Vorfahren ausgedacht sein könnte, denen eine solche Planmäßigkeit, nach allem, was wir von ihnen wissen, völlig fern lag.«

Über was man nichts weiß, läßt sich nicht theoretisieren, und so ließ man es bei den Wikingern bewenden bis... ja, bis eines Tages ein Däne in die Luft ging.

Entdeckungen aus der Luft

Frühsommer 1982. Preben Hansson, Jahrgang 1923, besteigt ein kleines, einmotoriges Flugzeug vom französischen Typ »Mourane Solnier 880«. Der Hobbyflieger mit einer amerikanischen und einer dänischen Fluglizenz bevorzugt diesen Flugzeugtyp, weil er so schön langsam fliegt. In Ruhe kann man das Land unter sich betrachten, gemütlich und ohne Hetze lassen sich Bilder schießen, als ob man in einem Heißluftballon über Wälder und Felder schwebe.

Von Beruf ist Preben Hansson Glasermeister in seiner eigenen Firma, nebenbei auch noch Vorstandsmitglied in einer Glasversicherung und Delegierter einer staatlichen Glaserschule. Er und seine Frau Bodil sind humorvolle, rechtschaffene und ausgeglichene Leute, die mit beiden Beinen auf dem Boden stehen – es sei denn, Preben fröhne seiner Leidenschaft und gehe in die Luft.

An jenem Sommermorgen 1982 startete Preben Hansson in seiner Heimatstadt Korsør, das Wetter war herrlich, die Sicht traumhaft klar. Er schraubte die Propellermaschine in die Höhe, zog einige Runden über dem Einfamilienhaus am Waldrand und winkte seiner Frau zu. Wenige Minuten später überflog er den Trælleborg. Die 16 ellipsenförmigen »Schiffchen«, verteilt auf die vier Quadranten des inneren Kreises, erinnerten ihn in ihrer verblüffenden Präzision »an eine feine Filigranbrosche, dazu bestimmt, einem blonden Wikingermädchen um den Hals gehängt zu werden« [79]. Preben Hansson drehte um, betrachtete die aus der Landschaft heraustechenden Kreise und die klar erkennbaren Umrisse der 13 im Südosten plazierten »Schiffchen« aus ver-

Ausschnitt des Trælleborg, Dänemark, mit den drei Ringwällen.

schiedenen Höhen. Die »Schiffchen«, deren Achsen präzise auf den Kreismittelpunkt gerichtet waren, vermittelten den Eindruck einer Parabolantenne, die genau in nordwestlicher Richtung blickte. ›Ein drolliges Bild‹, dachte Preben Hansson. ›Wie sind die Wikinger nur auf einen derartigen Grundriß gekommen?‹

Einfach so, einer Laune folgend, justierte er den automatischen Piloten auf Kurs Nordwest. Drei Minuten später passierte er bei der Bucht von Musholm die Küste des Großen Belts und kurz darauf die Mitte der Halbinsel Reersø. Auf der Frequenz 127,30 bat er den Tower von Kastrup um Radarüberwachung seiner Flugstrecke über Meer. Man teilte ihm die Frequenz squawk 2345 zu und forderte ihn auf, sich beim Verlassen des Seegebietes über der Küste von Røsnæs zu melden. Dies geschah, Preben Hansson flog eine gerade Linie vom Trælleborg, stur 325 Grad Richtung Nord-Nordwest.

Nach 67 Kilometer Flug und 34 Minuten Flugzeit eine kleine Überraschung. Direkt unter ihm lag Eskeholm, auch so ein kurioser Ort. Aus dem Boden schälten sich zwei Dreiecke und gerade noch schwach erkennbar auf der östlichen Seite ein Kreis. Es sind die Überreste eines Ringwalls, dessen vollständiger Kreisumfang etwa die Größe des Trælleborg gehabt haben müßte. Das Inselchen ist winzig, archäologische Forschung wurde kaum betrieben. Was soll's, sagte sich der fliegende Glasermeister, zwei Punkte lassen sich allemal durch eine Gerade verbinden.

Und doch schlich sich plötzlich ein Verdacht in seinen Hinterkopf ein. Treibstoff war genug da für zwei weitere Flugstunden. Wohin komme ich eigentlich, wenn ich denselben Kurs einbehalte? Nach weiteren 50 Flugminuten und einer Strecke von zusätzlichen 99,50 Kilometern wußte er es: Seine Maschine zog haarscharf über die kreisrunde archäologische Zone von Fyrkat.

Fyrkat ist die zweite »Wikingerburg« Dänemarks, das zweite Nationalheiligtum. Der Ringwall liegt auf einer kleinen Landspitze, einige Kilometer westlich des Städtchens Hobro. Wie der Trælleborg besticht auch Fyrkat durch seinen streng symmetrischen Aufbau. Auf drei Seiten ist die Landspitze von sanft gewelltem Wiesenland umgeben, das früher ein Sumpf war. Ein Zugang mit hartem Untergrund war nur von Südwesten her möglich. Die nächste Küste liegt 40 Kilometer entfernt.

Wieder so eine seltsame »Wikingerburg« ohne Zugang zur See. Der Ringwall von Fyrkat ist zwölf Meter breit und vier Meter hoch mit einem Durchmesser von 120 Metern.

Genau wie beim Trælleborg lassen sich kreuzweise zwei Latten in Nord-Süd und Ost-West-Richtung plazieren. Erneut ergeben sich vier Quadranten, in der 16 astronomisch ausgerichtete »Schiffchen« Platz finden. In den fünfziger Jahren restaurierten Archäologen des dänischen Nationalmuseums Fyrkat. Man fand – wie beim Trælleborg – diverse Schmuck- und Gebrauchsgegenstände der Wikinger, die Holzhäuser waren alle einem Brand zum Opfer gefallen. Als Bauherr wird König Harald Blaatand oder sein Sohn Svend Tveskæg vermutet. Um 985 unserer Zeit verjagte letzterer seinen senilen Vater vom Thron.

Kein Zweifel: In Fyrkat wie im Trælleborg hatten Wikinger gehaust. Weshalb nur hielten sie sich an diese sture geometrische Ordnung, die auf die Wikinger paßte, wie die be-

Der Glasermeister und Pilot Preben Hansson.

rühmte Faust aufs Auge? Hatte auch hier schon *vor* den Wikingern eine kreisrunde Anlage bestanden, und waren die Wikinger nur die Erben einer viel älteren Kultur?

Preben Hansson blickte auf die Benzinuhr, es reichte noch bis zu einem kleinen Privatflughafen, von denen es im flachen Gelände genügend gab. Er stellte den Autopiloten wieder ein, Kurs blieb derselbe: ab Trælleborg stur geradeaus Richtung 325 Grad Nord-Nordwest. Er überflog das Zentrum des Ringwalls von Fyrkat. Nach 52 Kilometern oder 26 Flugminuten glaubte er, eine Fata Morgana zu erblicken. Zielgerade vor ihm, direkt im Visier, lag vor seiner Nase das Zentrum des mächtigen Ringwalls von Aggersborg.

Dies ist das dritte, große Nationalheiligtum der Dänen, die dritte »Wikingerburg«. Der Grundriß von Aggersborg ist derselbe wie bei Fyrkat und Trælleborg, überall die vier Quadranten mit den »Schiffchen«, überall das in die vier Himmelsrichtungen ausgelegte »Lattenkreuz«, überall die doppelten und vierfachen Ringe um die Gesamtanlage. Und überall dieselben Funde und dieselben Fragen.

Nur in einem Punkte unterscheidet sich Aggersborg: Der innere Kreis ist größer als beim Trælleborg, es passen mehr »Schiffchen« hinein. Zudem ist Aggersborg nicht restauriert, die »Schiffchen« sind nicht mit Beton ausgegossen, und ein Teil der Anlage liegt noch heute unter einem Feld.

Linke Seite: Aus verschiedenen Höhen präsentiert sich der Trælleborg als perfekter, kreuzförmig durchschnittener Kreis. Das Kreuz verläuft in den Achsen Nord-Süd und Ost-West.

Dies sind Beweise

Bis dahin hatte Preben Hansson eine Strecke von 218,5 Kilometern Luftlinie zurückgelegt. Der Kurs Nord-Nordwest 325 Grad war durch die Zielrichtung der »Parabolantenne« des Trælleborg vorgegeben, er hatte Land und Meere überquert, und unter sich in schnurgerader Linie die Ringanlagen von Eskeholm, Fyrkat und Aggersborg überflogen. Es konnte nicht den geringsten Zweifel mehr geben: Aggersborg–Fyrkat–Eskeholm–Trælleborg lagen auf einer zielgeraden Linie! Getrennt durch Hügel, verwirrende Küstenlinien, Buchten und Meere. Hier noch von Zufall zu reden wäre krankhaft. Aber weshalb und insbesondere mit welchen Mitteln hätten die Wikinger derartig ausgerichtete Anlagen erstellen sollen?

Wieder daheim setzte sich Preben Hansson hinter seine Flugkarten. Karten der Nachbarländer mußten her und ein Globus. Preben Hansson verlängerte die Linie Aggersborg–Fyrkat–Eskeholm–Trælleborg über Dänemark hinaus. Der Strich zielte an Berlin vorbei nach Jugoslawien und endete direkt im altgriechischen Orakelort Delphi. Eine weitere Verlängerung der geraden Route zog westlich der ägyptischen Pyramiden von Gizeh vorbei, bis hinunter nach Äthiopien, dem einstigen Reich der Königin von Saba.

Preben Hansson ist ein gründlicher Mensch. Ganz offensichtlich hatte er eine vorgeschichtliche Flugroute entdeckt, die vom nördlichen Europa direkt nach Delphi führte. Auf der Strecke lagen andere, heidnische Ringwälle, und die alten Orts- und Flurnamen hatten vielerorts etwas mit »Licht, Feuer, Fliegen, Götter, Macht« zu tun. Der unermüdliche

Glasermeister und seine Frau Bodil wurden Stammgäste in den großen Bibliotheken Dänemarks und Norddeutschlands. Sie sichteten Mythen und Legenden, eine neue, erstaunliche Welt tat sich auf, die ihren Niederschlag in einem faszinierenden Buch mit dem Titel »*Und sie waren doch da*« [79] fanden.

Der Autor und der Hestia-Verlag haben mir liebenswürdigerweise gestattet, aus Preben Hanssons Werk zu zitieren und meinen Lesern einige eindrückliche Fotos daraus zu zeigen. Doch gerade längere Zitate möchte ich vermeiden, denn mir wäre lieber, Preben Hanssons Buch würde zur Pflichtlektüre für jeden, den die bisherigen Antworten zur Vorgeschichte des Menschen nicht mehr befriedigen. Hier wird demonstriert, wie mit Entdeckerglück, Logik und Scharfsinn eine überholte Lehrmeinung aus den Angeln gehoben werden kann. Preben Hansson:

»Man hat sich sehr darüber gewundert, daß Trælleborg, Fyrkat und Aggersborg nicht an den großen bekannten Hauptstraßen lagen.«

Das war kein Zufall. Mister Irgendwer hat die Anlagen dort erbauen lassen, wo sie stehen mußten. Auf der exakten Flugroute zwischen Delphi und Aggersborg. Vermutlich dienten sie als eine Art von »Leuchtfeuer«, als sichtbarer oder elektronischer Kompaß für die globale Fliegerei der Götter. Möglicherweise waren sie zusätzlich »Radar« und »Tankstelle«.

Wer immer die Anlagen in vorgeschichtlicher Zeit errichtete, die Wikinger waren es nicht. Für die Wikinger wäre Aggersborg – 40 Kilometer vom Meeresstrand entfernt – ein völliger Unsinn gewesen, ganz abgesehen davon, daß sie sich nie an die geometrische Symmetrie gehalten hätten.

Das Inselchen Eskeholm. Schwach erkennbar sind die Überreste eines Kreiswalls sowie unter dem Boden diverse Markierungslinien.

Wie war es nur zu den »Wikingerburgen« gekommen? Noch zu Zeiten der Götter müssen vereinzelte Menschen um die geheimnisvollen Ringwälle herum Position bezogen haben. Sie rapportierten es ihrer Sippe: Götter steigen vom Himmel hernieder. In den Gehirnen der Steinzeitler avancierten die Anlagen zum grandiosen Heiligtum.

Nachdem die Götter entschwunden waren, richteten Menschen ihre Gebete und Feueropfer zum Himmel. Verständlich, schließlich handelte es sich um Orte, an denen geheimnisvolle und mächtige Gestalten gehaust hatten. Kein Platz eignete sich besser für priesterliche Zeremonien als die Punkte, an welchen die Götter höchst persönlich tätig gewesen waren. Jahrtausende später, zur Wikingerzeit, kannte niemand mehr den ursprünglichen Zweck der ehemals technischen Anlagen, und die heutige Archäologie ist zu einglei-

167 Kilometer in schnurgerader Linie vom Trælleborg die dritte ›Wikingerburg‹, Fyrkat bei Hobro, Dänemark.

sig und zu phantasielos, um auch nur zu vermuten, was dahinterstecken könnte. Preben Hansson:

»Es kann unmöglich ein Zufall sein, daß diese großen Ringwälle in einer geraden Linie angelegt sind, und, nicht genug damit, alle vier auch noch innerhalb der Symmetrieachse der Parabel des Trælleborg liegen. Die Anlagen müssen von jemandem gebaut worden sein, der einen Nutzen davon hatte, daß sie in gerader Linie lagen, und der zudem im Stande war, eine derartige Anordnung über eine Strecke von über 200 Kilometern zu verwirklichen. Dies unabhängig von allen aus historischer Zeit bekannten Verkehrslinien, von Insel zu Insel, quer über Land und Meer.«

Mein Bekannter, der Archäologe – ja jener mit den natürlichen Erklärungen –, meinte, die Wikinger hätten doch Schnüre von Ort zu Ort ziehen können. Heiliger Odin, heiliger Wotan, heiliger Thor, steht mir bei! Ich bin immer wieder aufs neue perplex über die verklebten Gehirne. Ist das noch Wissenschaft? Nicht sehen wollen, was klipp und klar beweisbar ist? Eine gerade Linie entlang der Kugelgestalt der Erde nennt man einen Großkreis. Dies ist die Bezeichnung für den kürzesten Weg von Punkt zu Punkt über die gekrümmte Erdoberfläche. Exakt dies liegt auf dem Tisch. Noch Einwendungen? Wie spottete einer der Götter vor über 2500 Jahren gegenüber dem Propheten Hesekiel?

»Ihr Menschen habt Augen, um zu sehen, und seht doch nichts.«

Demonstration des Unmöglichen

Preben Hanssons Flugstrecke führt zielgenau nach Delphi, dem uralten Orakelort in Griechenland. Es müßte doch zu denken geben, daß sämtliche griechische Kultorte, die in die Vorgeschichte zurückreichen, in *denselben Distanzen voneinander entfernt liegen*. Eine unhaltbare Behauptung? Bitte, nehmen Sie eine Griechenland-Karte und einen Maßstab zur Hand, auf welchem Sie den Goldenen Schnitt ablesen können. Zur Auffrischung des Gedächtnisses dies:

»Wird eine Strecke A–B durch einen Punkt E so geteilt, daß sich die ganze Strecke zu ihrem größeren Abschnitt verhält wie dieser zu dem kleineren Abschnitt, so nennt man die Strecke A–B im Goldenen Schnitt geteilt. Verlängert man eine im Goldenen Schnitt geteilte Strecke um ihren größeren Abschnitt, so ist die neue Strecke durch den Endpunkt der ursprünglichen wieder im Goldenen Schnitt geteilt. Dieser Vorgang läßt sich beliebig fortsetzen« (Edwald Grether, »*Theorieheft Planimetrie*«, 2. Teil).

Beispiele aus Griechenland:
- Die Entfernung der Kultorte Delphi–Epidauros entspricht dem größeren Teil des Goldenen Schnitts der Entfernung Epidauros–Delos – nämlich 62%.
- Die Entfernung Olympia–Chalkis entspricht dem größeren Teil des Goldenen Schnitts der Entfernung Olympia–Delos – nämlich 62%.
- Die Entfernung Delphi–Theben entspricht dem größeren Teil des Goldenen Schnitts der Entfernung Delphi–Athen – nämlich 62%.
- Die Entfernung Sparta–Olympia entspricht dem größeren Teil des Goldenen Schnitts der Entfernung Sparta–Athen – nämlich 62%.
- Die Entfernung Epidauros–Sparta entspricht dem größeren Teil des Goldenen Schnitts der Entfernung Epidauros–Olympia – nämlich 62%.
- Die Entfernung Delos–Eleusis entspricht dem größeren teil des Goldenen Schnitts der Entfernung Delos–Delphi – nämlich 62%.
- Die Entfernung Knossos – Delos entspricht dem größeren Teil des Goldenen Schnitts der Entfernung Knossos–Chalkis – nämlich 62%.
- Die Entfernung Delphi–Dodoni entspricht dem größeren Teil des Goldenen Schnitts der Entfernung Delphi–Athen – nämlich 62%.
- Die Entfernung Delphi–Olympia entspricht dem größeren Teil des Goldenen Schnitts der Entfernung Olympia–Chalkis – nämlich 62%.

Wer bei der Anhäufung dieser exakten Daten immer noch

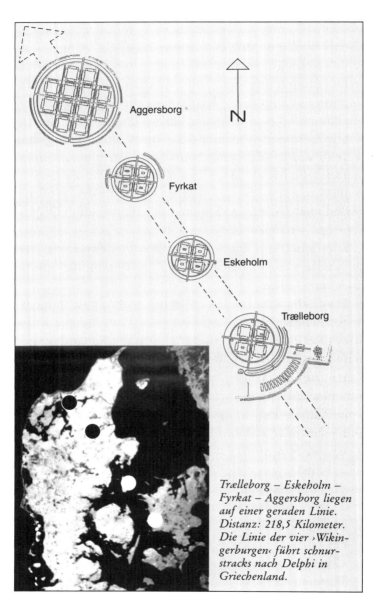

Trælleborg – Eskeholm – Fyrkat – Aggersborg liegen auf einer geraden Linie. Distanz: 218,5 Kilometer. Die Linie der vier ›Wikingerburgen‹ führt schnurstracks nach Delphi in Griechenland.

von einer geometrischen Laune oder willkürlich herbeigezerrten Punkten redet, der will die alten Stiefel nicht ablegen. Nun wäre die Tatsache der nach geometrischen Prinzipien angelegten Bauwerke noch kein »Wunder«, denn das alte Griechenland brachte einen der größten Mathematiker aller Zeiten hervor – Euklid. Er lehrte gegen Ende des 4. Jahrhunderts v. Chr. an der Universität von Alexandria und behandelte in seinen 15 Werken das ganze Spektrum der Mathematik und Geometrie. Euklid war ein Zeitgenosse Platons, und der hörte sich sogar Euklids Vorlesungen an. Bekannt ist, daß Platon nicht nur Philosophie sondern auch Politiker war. Der Gedanke ist also naheliegend, Platon habe bei der Vergabe von Bauaufträgen ein Wort mitgeredet, und aus seinem euklidischen Wissen heraus die großen Kultorte in einem geometrischen System anlegen lassen.

Dieser Denkansatz, der Rettungsanker für die Ewiggestrigen, ist deshalb wertlos, weil alle hier aufgezählten Kultorte schon lange *vor* Euklid existierten, ihre Ursprünge gehen selbst für das ›alte Griechenland‹ in vorgeschichtliche Zeiten zurück. Vermutlich vermittelte Euklid seinerseits nur ein uraltes Wissen aus nicht mehr eruierbaren Quellen, denn Platon – Euklids Zuhörer – erwähnt in den Kapitel 7 und 8 seines Werkes *»Timaios«* ganze Serien von geometrischen Zusammenhängen. Er wußte, um was für riesige und Griechenland weit überschreitende Dimensionen es ging und warnte deshalb:

»Laßt keinen geometrischen Ignoranten mitreden. Geometrie ist das Wissen des ewigen Seins.«

Ratgeber Appollo

Erinnern wir uns: Preben Hanssons Flugroute führte über die wie Perlen an einer Schnur aufgereihten ›Wikingerburgen‹ Dänemarks pfeilgerade ins griechische Delphi. Dort saß das berühmte ›Orakel‹. Wie kommt ein Ort zu einem ›Orakel‹? Was gab es denn ausgerechnet in Delphi zu ›orakeln‹? Wieso wird ein Punkt irgendwo auf der Landkarte bereits in vorgeschichtlicher Zeit zur Weltberühmtheit?

Sogar noch im klassischen Griechenland betrachteten die Griechen Delphi als das Zentrum der Welt. Als sichtbares Zeichen für den ›Nabel der Welt‹ stand dort der Omphalos, ein wunderbarer, mit Skulpturen versehener Marmorblock, gekrönt von zwei goldenen Adlern. Man erblickte in ihnen zwei Abgesandte von Göttervater Zeus. Ganz Delphi aber war Apoll gewidmet, der war nicht nur ein Sohn des Zeus, sondern auch der Gott des Lichtes und der ›Weissagungen‹. Zudem amtierte Apoll als Heiler, einer seiner berühmtesten Söhne war Asklepios, heute noch der ›Urvater‹ aller Ärzte.

Dieser Apoll verfügte über ungeheure Macht, außer seinem Vater Zeus fürchtete er niemanden. Oft unterstützte er die Trojaner bei ihren Schlachten und beschützte – aus der Luft – die Straßen. Apolls bekanntester Beiname ist ›Lykeios‹ – Gott des Lichtes. Erstaunlich ist bei Apoll, daß selbst die Griechen nicht wußten, woher er ursprünglich kam. Heute noch streiten akademische Mythenforscher darüber, ob Apoll aus dem Norden oder Osten zu den Griechen gelangte. Unbestritten ist lediglich, daß Apoll jedes Jahr für einige Wochen oder Monate zu einem geheimnisvollen Volk entschwebte, zu den Hyperboreern, die ›jenseits des Nordwindes‹ lebten.

Nicht schlecht, diese biographischen Daten, auch wenn sie aus der Mythenkiste stammen. Apoll ist Sohn eines ›Himmlischen‹, Gott des Lichtes, Gott der Heilkunde. Er unterstützt seine Freunde bei Schlachten, beschützt die Verkehrswege, aber verschwindet alljährlich zu einem Volk ›jenseits des Nordwindes‹. Seinen Stammsitz schlägt er in Delphi auf. Alles klar?

Ein Vorschlag:

Aus Gründen der kürzesten Flugrouten schlägt ein ET sein Basislager am Punkte X auf. Verängstigte Menschen kommen in die Nähe, Apoll heilt ihre Krankheiten, berät sie in wichtigen Fragen. Er knüpft irdische Kontakte. Immer mehr Menschen strömen herbei, suchen Rat und medizinische Hilfe. So wächst der Ort im Bewußtsein der Menschen zum ›Zentrum der Welt‹. Punkt X wird zu Delphi, denn dort wurde einem ›göttlicher Rat‹ zuteil. *Damit ist die Weissagung geboren.*

Staunend beobachten die verdutzten Menschlein, wie Gott Apoll ›mit Lichterglanz‹ zum Himmel entschwebt. Alsogleich sehen die technisch unkundigen Menschen in ihm eine Verkörperung des Lichts. *Der Lichtgott ist geboren.*

Wohin nur fliegt er, fragen sie sich. Irgendwann sagt er es einem Priester, das sind die von ihm geschulten Leute, die sein Basislager sauberhalten sollen. Er fliege zu einem Volk ›jenseits der Nordwinde‹. Dieser Apoll ist kein Kostverächter, er hat einen Blick für schöne Menschen beiderlei Geschlechts. Er verliebt sich auch in Männer, und als es ihnen dreckig geht, hilft er mit seinen überirdischen Waffen. Verständlich, daß eine derartige Figur im Volksglauben zu einem Mehrzweckgott erhoben wird.

Apoll dachte praktisch. Von seinem Basislager aus wollte er in kürzester Zeit an den wichtigsten Stätten sein. Es gab viel zu tun: Schulen wurden eingerichtet, Menschen unterwiesen, die Heilkunst doziert und Lehrer in allen Bereichen ausgebildet.

Für seine irdischen Flüge benutzte er kein Raumschiff, vermutlich stand ihm auch keines zur Verfügung, denn Göttervater Zeus war damit im Sonnensystem unterwegs. Apoll verwendete einfach Flugapparate, vielleicht Kombinationen von steuerbaren und durch Propeller angetriebenen Heißluftballonen oder eine Art von Senkrechtstartern. Dafür benötigte Apoll an vorher berechneten Punkten ›Tankstellen‹, egal, ob Wasser und Öl zum Betrieb von Dampfmotoren zum Einsatz kamen oder irgendwelche andere Energiequellen wie Elektrizität oder Mikrowellen. Es entstand ein ganzes Netz von ›Ringwällen‹, und überall unterwies Apoll sein Bodenpersonal. *Der Priester im Dienste seines Gottes war geboren.* Wie geometrisch sauber Apoll seine Zwischenstationen absteckte, belegen einige Beispiele:

Delphi ist gleichweit entfernt von der Akropolis und von Olympia. Es ergibt sich ein gleichschenkliges Dreieck Akropolis–Delphi–Olympia. Auf der Kathete von Delphi liegt auch Nemea. Von hier aus ergeben sich neue Dreiecke Nemea–Delphi–Olympia und Akropolis–Delphi–Nemea. Sie haben die gleichen Hypotenusen, und ihr Verhältnis zur gemeinsamen Linie Delphi–Nemea liegt im Goldenen Schnitt.

Eine durch Delphi gezogene senkrechte Linie zur geraden Strecke Delphi–Olympia durchschneidet das Orakel von

Dodoni. Das ergibt erneut ein rechtwinkliges Dreieck mit den Punkten Delphi–Olympia–Dodoni, wobei die Strecke Dodoni–Olympia als Hypotenuse gilt. Die Katheten dieses Dreiecks stehen im Verhältnis des Goldenen Schnitts.

Die Entfernung Delphi–Dodoni ist gleich dem größeren Teil des Goldenen Schnitts (62%) der Strecke Dodoni–Athen und Dodoni–Sparta usw. usw. Logischerweise ergeben sich damit auch Kreislinien mit denselben Kreismittelpunkten. Beispiele, die jeder mit einem Zirkel auf einer Griechenland-Karte nachvollziehen kann:

Kreismittelpunkt Knossos: Auf der Kreislinie liegen auch Sparta und Epidauros.

Kreismittelpunkt Taros: Auf der Kreislinie liegen auch Knossos und Chalkis.

Kreismittelpunkt Delos: Auf der Kreislinie liegen auch Theben und Izmir.

Auch dieses Spiel läßt sich mit Zirkelsprüngen ad infinitum fortsetzen. Es sind Bücher darüber geschrieben worden, die kaum einer kennt [80, 81]. Entdecker dieser kuriosen geometrischen Zusammenhänge war der griechische Luftwaffenbrigadier Dr. Theophanis M. Manias, der – wie der Däne Preben Hansson – als Pilot über die gleichmäßigen Distanzen und geraden Flugrouten stolperte. In Deutschland setzte sich Prof. Dr. Fritz Rogowski [82] mit dem Phänomen der gleichmäßigen Distanzen auseinander und meinte, die alten Griechen hätten stets nur klein-klein zusammengefügt und so sei schließlich ein größeres Netz entstanden. Es ist dies die ›natürliche Erklärung‹, denn Wissenschaftler halten nun mal nichts von exotischen Lösungen.

Die Klein-klein-Variante löst die größeren Fragen nicht. Denn das geometrische System beschränkt sich nicht nur auf

Griechenland, auch bestimmte Kultorte Zyperns, des Libanons, Ägyptens und – wie demonstriert – Dänemarks sind in das Netz mit einbezogen. Zudem, ich sagte es schon, entstanden die Kultorte *vor* Euklid. Das Klein-klein-Denken führt in die Klemme. Erstaunlich auch, daß Platon in seinem *»Timaios«* (Kap. 7,8) ausdrücklich festhielt, es handle sich bei diesen geometrischen Zusammenhängen um eine *mehrtausendjährige Überlieferung*. Wenn der weise Platon um 400 v. Chr. schon von mehreren hinter ihm liegenden Jahrtausenden sprach, sind wir mittendrin im Zeitalter der Götter, ob sie nun Apoll, Wotan oder Mister Irgendwer hießen.

Erinnerungen an die Zukunft

Die gerade Strecke, die von Dänemark nach Delphi führt, läuft weiter über Ägypten und dann zielgenau nach Äthiopien, ins ehemalige Land der Königin von Saba. Diese Dame war die Geliebte von König Salomon, und dieser wiederum – Halleluja – zählte zu den emsigsten Fliegern seiner Zeit, wann immer das gewesen sein mag, denn Mythen lassen sich nun mal nicht datieren. Neue Namen sind stets wieder um die alten Inhalte geflochten worden. Die Geschichte von Salomons Flugreisen beschrieb ich in einem früheren Buch [51], hier möchte ich immerhin in Erinnerung rufen, daß Salomon seiner Geliebten auch ein UFO – und dies im Sinne des Wortes –, ein unbekanntes, fliegendes Objekt, schenkte [83].

»Er gab ihr alle wünschenswerten Herrlichkeiten und Reichtümer... *und einen Wagen, der durch die Lüfte fuhr,* den er gemäß der ihm von Gott verliehenen Weisheit angefertigt hatte« (»*Kebra Nagast*«, Kap. 30).

Dieser mythische Salomon muß ein ganz besonderer Typ gewesen sein. Folgt man der ältesten, äthiopischen Überlieferung, dem »*Kebra Nagast*« (Buch der Herrlichkeit der Könige), so legte Salomon auf seinem Flugwagen *an einem Tag eine Wegstrecke von drei Monaten zurück*, und dies auch noch *ohne Krankheiten und Leiden, ohne Hunger und Durst, ohne Schweiß und Ermüdung* (»*Kebra Nagast*«, Kap. 58). Nur zu verständlich, daß ein derartig versierter Pilot über ausgezeichnete Landkarten verfügen mußte. Arabiens bedeutendster Geograph und Enzyklopädist, Al-Mas' Udi (895–956), schrieb denn auch in seinen »*Historien*«, Salomon habe über Karten verfügt, welche »die Himmelskörper zeigten, die Sterne, die Erde mit ihren Kontinenten und Meeren, die bewohnten Landstriche, ihre Pflanzen und Tiere und viele andere erstaunliche Dinge« [84].

Von Salomon wird die Flugstafette weitergereicht über den – heutigen – Iran bis ins ferne Indien, und dort gehörte die vorgeschichtliche Fliegerei von Göttern und deren Familienclan zum alltäglichen Erlebnis. Detailliert festgehalten in den altindischen Veden und Mythen.

Was will man eigentlich noch? Die uns heute zur Verfügung stehenden Quellen sind geheimnisvoll, schwer faßbar, eben: mythisch. Und doch ergeben sie insgesamt ein recht verläßliches Bild. Zumindest für den, der das Brett vor dem Kopf unter die Füße stellt, um über den Zaun zu blicken. Die Autoren, die vor Jahrtausenden über diese Flugmaschinen berichteten und die logischerweise näher an den einstmaligen Begebenheiten standen als wir, müssen mit Sicherheit schriftliche Dokumente aus Herrscherhäusern und heiligen Büchern verwertet haben, die den kriegerischen Verlauf der Menschheitsgeschichte nicht überdauerten. Selbst noch im Mittelalter verwendete der Philosoph und Mönch Roger Bacon (1219–1294) Informationen, die uns nicht mehr zugänglich ist, denn in einer Schrift aus dem Jahre 1256 vermerkt er [85]:

»Es können auch Flugapparate (instrumenta volandi) hergestellt werden... *sie sind vor alter Zeit... hergestellt worden*, und es ist gewiß, daß man ein Instrument zum Fliegen hat.«

Dieser Roger Bacon war beileibe kein Phantast. Bis 1257 Lehrstuhlinhaber in Oxford, schloß er sich später dem Franziskanerorden an. Seine Schriften und Bücher waren derart scharfsinnig und für die Kirche gefährlich, daß Papst Klemens IV. im Jahre 1266 eine Abschrift seiner Werke verlangte. Verständlich, denn Rober Bacon schrieb über uralte Geheimnisse, man nannte sowohl ihn wie auch sein letztes Werk »doctor mirabilis«.

In den alten, japanischen Shinto-Werken ist oft von einer »schwebenden Brücke des Himmels« [86] die Rede, von welcher Götter und ausgewählte Menschen herniederstiegen. Diese geheimnisvolle Brücke wird ausdrücklich als Verbindungsglied zwischen dem Götterfahrzeug und dem »himmlischen Felsenkahn« bezeichnet. Das Götterfahrzeug schwamm im Luftraum »wie ein Schiff auf dem Wasser«, der »himmlische Felsenkahn« hingegen wurde zum Fliegen »innerhalb des Luftraumes« benötigt. Der Himmelsgott mit dem unaussprechlichen Namen »Nigihayahi« benutzte die »schwebende Brücke des Himmels« und den »himmlischen Felsenkahn«, um zu den Menschen zu gelangen. Es wäre heute nicht anders: Von einem Mutterraumschiff im Orbit wird umgestiegen auf ein Zubringerschiff mit irdischer Basis.

Ähnlich gelagerte Überlieferungen gibt es zu Hunderten, jeder Ethnologe weiß das. Nur Konsequenzen werden auch im Zeitalter der Raumfahrt nicht daraus gezogen. Zwar werden mit einem kollegialen Augenzwinkern bestimmte Legenden mit lokalen Ruinen verknüpft, das gibt denen einen geheimnisvollen Anstrich und zieht auch noch zahlende Touristen an den Ort – interkontinental hingegen darf es keine Gemeinsamkeiten geben. Was kümmert den dänischen Archäologen Delphi in Griechenland? Was hat Apoll mit Salomon, was die japanischen Urkaiser mit Raumschiffen zu schaffen? Was hat ein Steinkreis in Marokko mit seinem Double in Indien zu tun? Was ein astronomisch ausgerichtetes Ganggrab in Kolumbien mit seinem Zwilling in Irland?

Es fehlt an Motivforschung und an der Courage, die Dinge mit dem zeitgemäßen Wissen zu verbinden. Der Geist in dieser Welt entstand nicht durch unser Gehirn, er war seit Äonen präsent. Unser Denken ist immer noch mickrig, wir heben den Blick kaum über den eigenen Nabel. Wir sind gerade erst aufgewacht und dämmern sehr angestrengt vor uns hin. Dabei erkennen wir nicht, daß vieles auf diesem Globus zusammenhängt und daß sich so manches auf eine größere Ordnung zubewegt.

Auch die Vergangenheit ist durch ein zeitloses Band mit der Gegenwart und der Zukunft verwoben, und ›Engel Erde‹ hat sehr viel mit dem menschlichen Schicksal zu schaffen und auch mit dem, was war und sein wird. Es *gibt* logische Brücken zum Verständnis des Unbegreiflichen. Eine dieser Gedankenbrücken ist der Einfluß von ETs auf die junge Menschheit, eine andere Carl Gustav Jungs »Archetypen« (das gemeinsame Unterbewußtsein) und eine dritte der ganze Planet Erde, der alles andere ist als ein geistloser Klumpen aus zusammengepreßter, kosmischer Materie. Unsere steinzeitlichen Vorfahren ahnten dies und handelten danach. Beweise gefällig?

Zwei Milliarden für ein Horoskop?

Das neueste und wohl auch verrückteste Hochhaus in Hongkong ist der siebzig Stockwerke in die Höhe schießende Wolkenkratzer der Bank of China. Gebaut wurde der an der Spitze pyramidenförmig zugeschnittene Turm vom Stararchitekten Ieoh Ming Pei. Man nennt den 74jährigen, in den USA lebenden Ming Pei auch »Mister Universum« [87], denn zu seinen exotischen Prunkbauten zählen prestigeträchtige Bauwunder wie die Nationalgalerie in Washington oder das Symphony-Center in Dallas.

Dennoch wird der in Kanton geborene Ming Pei mit seinem gelungenen Prachtbau in Hongkong nicht ganz glücklich. Er vernachlässigte in seinen Plänen nämlich ein uraltes, chinesisches Wissen: Feng-Schui. Schon sind die Warner laut geworden, allen voran der ebenfalls in den USA ausgebildete Architekt Sung Siu-Kwong. Er kennt und beherzigt in seinen Entwürfen die alte Lehre des Feng-Schui, »eines Grundelements der chinesischen Naturphilosophie« [88]. Die Anlieger rings um das Hochhaus der Bank of China befürchten Unheil. Man redet vom Einsturz des Wolkenkratzers, von Krankheit, von persönlichem Unglück der Mitarbeiter in der Bank oder gar von einem finanziellen Desaster der Großbank.

Im Nachbargebäude der Bank of China arbeitet die Konkurrenz der Hongkong-Bank. Ihr erst 1986 eröffnetes Bankgebäude kostete runde zwei Milliarden Mark und gilt allgemein als »wunderbar«, »atemberaubend«, als »große Kathedrale«, als »Macho mit Anmut«, und die 3500 Angestellten fühlen sich in der Hongkong-Bank in einem »heiter stimmenden Ambiente« [89].

Wie ist dieser krasse Unterschied zwischen zwei gigantischen Bankhäusern in unmittelbarer Nähe zu erklären?

Der Glaube an Feng-Schui macht's möglich. Bevor der britische Architekt Norman Foster seine phänomenalen Baupläne in die Wirklichkeit umsetzen durfte, wurde der ehrenwerte Ku Pak-Ling hinzugezogen. Der errechnete die Lage und die Höhe der Eingangshalle (Nordwest, 15 Meter hoch), er bestimmte den Standortwinkel des Prunkbaues und »riet zu einer Blindzone in der Fassade, damit dort böse Geister nicht ein und aus gehen können« [89]. Böse Geister und ein moderner Zweimilliardenbau: das klingt wie ein Witz, geradezu anachronistisch. Seit wann halten sich westliche Architekten und Financiers an Hokuspokus? Was ist das überhaupt, dieses Feng-Schui?

Geheimnisvolles Feng-Schui

Seit der weiße Mann mit China in Kontakt steht, ist diese Frage immer wieder gestellt worden. Was ist Feng-Schui? Sinologen durchstöberten die chinesischen Klassiker, wälzten chinesische Wörterbücher und fanden keine Antwort. Händler fragten ihre Handelspartner und ihre chinesischen Hausboys: Was ist Feng-Schui?

Die Antworten waren konfus und verwirrend: Feng-Schui ist der Odem. Feng-Schui ist etwas wie der Wind, den man nicht einsperren kann, etwas wie das Wasser, nicht greifbar. Feng-Schui sind die Adern des Drachen, Feng-Schui, so die »Encyclopaedia sinica« [90], »ist die Kunst, die Behausungen der Lebenden und Toten so zu arrangieren, daß sie mit den örtlichen Strömungen des kosmischen Atems harmonieren«. Wissen wir jetzt, was Feng-Schui ist? Natürlich nicht.

Feng-Schui »drückt die Kraft der fließenden Elemente der natürlichen Umgebung aus, und diese Kraft wird dargestellt und abgeleitet von dem Fluß der Energie, nicht nur an der Oberfläche... sondern die durch das Innere der Erde fließt.« [91]

Der Bandwurmsatz stammt nicht von mir, und wir wissen immer noch nicht, was nun eigentlich Feng-Schui ist. Feng-Schui sind Ströme in der Erdkruste und in der Luft, Feng-Schui ist wie »eine goldene Kette von geistigem Leben, die durch jede lebende oder tote Existenz läuft« [91]. Feng-Schui sind die beiden Energieprinzipien der Erde und des Kosmos. Es ist der Atem, der das ganze Universum schuf.

Die alten Chinesen hatten herausgefunden – oder Mr. Irgendwer lehrte es sie –, daß alle Gesetze der Natur und alles Handeln der Lebensformen in strikter Übereinstimmung mit bestimmten, mathematischen Prinzipien des Universums in Einklang stehen. Diese mathematischen Prinzipien können von geschulten Personen in ein vernünftiges Verhältnis zum Universum gebracht und in numerischen Diagrammen dargestellt werden. Es gibt drei dieser Grundprinzipien: Der Atem der Natur, *Hi* genannt; die Ordnung der Natur, *Li* genannt, und die mathematischen Proportionen der Natur, *So* genannt. »Diese drei Prinzipien sind für die Sinne nicht direkt wahrnehmbar. Mit anderen Worten, die Phänomene der Natur, ihre äußerlichen Erscheinungsformen, bilden einen vierten Zweig des Systems der Naturwissenschaft, genannt *Ying* oder Formen der Natur.« [91] Und was bleibt in diesem Dschungel von Feng-Schui?

Feng-Schui ist die alte, chinesische Wissenschaft der vier Prinzipien

Hi – der Atem der Natur

Li – die Ordnung der Natur

So – das numerische Wissen

Ying – ihre Erscheinungsformen

Hi-Li-So-Ying. Brrr!

Ernest J. Eitel, der die ersten bekannten Studien über Feng-Schui betrieb und 1873 in Hongkong ein Buch darüber veröffentlichte, schrieb [92]:

»Alles, was auf der Erde existiert, ist lediglich eine flüchtige Erscheinungsform irgendeiner himmlischen Tätigkeit. Alles Irdische hat seinen Prototyp, seine eigentliche Ursache in einer beherrschenden Tätigkeit im Himmel... Der gestirnte Himmel ist für einen wissenden Chinesen wie ein wunderbares Textbuch, in dem die Naturgesetze, die Bestimmungen der Nationen, das Glück oder Unglück jedes Individuums in geheimnisvollen Buchstaben niedergeschrieben sind, lesbar nur für den Wissenden. Das erste Ziel des Feng-Schui-Schülers ist die Brechung der Siegel dieses apokalyptischen Buches.«

Also ist Feng-Schui ein astrologisches Horoskop? Nein – Feng-Schui ist viel mehr. Es ist das *Wissen* – nicht das Rätseln – um die irdischen und überirdischen Zusammenhänge. Dies beginnt mit der Erkenntnis, daß innerhalb der Erde zwei verschiedene, magnetische Ströme verlaufen, die man zum leichteren Verständnis als ›männlich‹ und ›weiblich‹ bezeichnen könnte. Genausogut könnten auch die Begriffe ›positiv‹ und ›negativ‹ verwendet werden.

Vergleichsweise bezeichnen die alten Chinesen die eine Strömung als azurblauen Drachen, die andere als weißen Tiger. Der azurblaue Drache liegt immer rechts vom Standort, der weiße Tiger stets links davon. Der Spezialist erkennt den Drachen und den Tiger sofort im Gelände, sie sind beide so etwas wie materialisierte Energie. Der günstigste Standort für irgend etwas – sei es der Bau eines Tempels, eines Steinkreises oder der Hongkong-Bank – liegt stets dort, wo die beiden Strömungen (positiv und negativ) sich kreuzen.

Was steckt dahinter?

Niemand wird bestreiten, daß die Erde aus kosmischem Staub besteht, der sich vor Jahrmilliarden im Universum ausbreitete, zusammenballte und sich schließlich zu einem Klumpen verdichtete. Mit zunehmender Dichte stieg der innere Druck und damit die Temperatur; die Zusammenballung von Staub und Gasen ließ den jungen Himmelskörper erstrahlen.

Immer mehr Masse erbrachte eine immer kompaktere Dichte, im Erdkern dürfte ein Druck von rund drei Milliarden Atmosphären geherrscht haben. Dort sind die Eisenmoleküle zu einer Dichte zusammengepreßt, die Geophysiker nicht mehr als »flüssig« bezeichnen, man verwendet statt dessen den Begriff »starres Gas«, was immer das sein soll. Um den Erdkern legte sich der rotglühende Erdmantel, in ihm vermutet man schwere Eisen-Magnesium-Silikate. Die Wissenschaft gab diesem Gemisch den Namen »Olivin«. Und über diesem Erdmantel liegt die dünne, zerbrechliche Erdkruste, auf der wir Menschen leben.

Freilich setzt sich unsere Erdkruste wiederum aus verschiedenen Schichten zusammen, vereinfacht dargestellt aus Basalt, einem schwarzen, vulkanischen Gestein, und Granit mit Hunderten von mineralischen Variationen.

Dieser ganze Aufbau ist nicht zufällig, Granit – beispielsweise – *kann* sich nicht im Erdinnern befinden, er würde in seine Bestandteile zerlegt und verflüssigt wie ein Stück Metall im Hochofen. Eisen ist schwerer als »Olivin«, dieses schwerer als Basalt, Basalt wiederum schwerer als Granit oder, andersherum, das Leichtere »schwimmt« stets über dem Schwereren. Im glühenden Erdstadium sanken die schwereren Elemente stets wieder Richtung Erdkern, die leichteren schwammen auf der Oberfläche wie Schlacke auf einer Eisenschmelze.

Niemand weiß, ob das Inferno Jahrhunderte oder Jahrmillionen dauerte, doch müssen aus den Mineralien und Gasen unvorstellbare Mengen von Kohlensäure und Wasserdampf freigesetzt worden sein. Diese spritzten in riesigen Fontänen in die Höhe, wurden wieder eingefangen, erneut »gekocht« und wiederum hochgesprüht. Durch die Abkühlung erstarrten kleinere Gesteinsschollen, auch sie wurden wieder eingeschmolzen und erstarrten von neuem. Schließlich trieben die ersten Granitbrocken wie Eisberge in einem dampfenden Ozean, Mineralien kristallisierten, die Urgesteine wuchsen und verankerten sich endlich zu gewaltigen Inseln und Kontinenten.

Der kurze und unvollständige Film von der Erdgeschichte sollte verdeutlichen, daß einst alles in Bewegung war. Die Erstarrung an der Oberfläche geschah nicht irgendwie nach einem Zauber des Zufalls, sondern nach physikalischen Gesetzmäßigkeiten. Zwischen die hartgewordenen Klumpen und Schollen preßten sich Bahnen von Mineralien wie die Sehnen und Nerven eines Lebewesens – die »Adern des Drachen«.

Wie verhält sich glutflüssiges Eisen, wenn eine starke Magnetkraft darauf einwirkt? Es verändert die Laufrichtung. Nicht anders war es mit der jungen Erde. Der Planet stand nie isoliert im Raum, da gab es die Sonne, andere Planeten und unzählige größere und kleinere Sterne mit ihren gegenseitigen Wechselwirkungen. Bestimmte Konstellationen am Firmament verstärkten oder verminderten die Laufrichtung der »Adern des Drachen«, beeinflußten seine Laufgeschwindigkeit und seine Dicke. Auch die Richtungen der erstarrenden Molekülketten und Mineralien wurden dadurch beeinflußt. Felsen sind die Knochen der Erde. Selbst lange *nach* der Erstarrung der »Adern« und Felsen wirken die kosmischen Kräfte wie ein Lichtschalter, der Energien fließen läßt oder abstellt. Ein Kupferdraht, zum Beispiel, ist nur solange ›tot‹, bis ihm Elektrizität zugeführt wird, dann fließt ›etwas‹ im Draht, obschon der Draht selbst keinen Mucks macht.

Eine Antenne ist unbeweglich und steif, ein ›totes Objekt‹, hinter dem wir auf Anhieb gar nichts vermuten. Ein Wilder,

der zum ersten Male eine Antennenschüssel oder einen Antennenstab erblickt, kann in dem Ding nichts ›Sensibles‹ erkennen. Ein seltsam geformter Gegenstand, weiter nichts. Für den Wissenden ist die Antenne ein hochempfindliches ›Wesen‹, das Abertausende von Sendungen auffängt und weitergibt. Die Antennenschüssel empfängt gestochen scharfe Farbbilder von einem Satelliten, sie empfängt ein Klavierkonzert von Frederic Chopin, die Berliner Philharmoniker mit jedem einzelnen Instrument und ein Rockkonzert neben der Stimme des Nachrichtensprechers. Und dies alles *gleichzeitig*. Erklären Sie das mal einem Wilden!

Schüler und Meister

Wir sind den ›Wilden‹ vergleichbar, die nichts begriffen haben von der ›Antenne Erde‹. Wichtigtuerisch faseln wir immer noch Sprüche wie: Ich glaube nur, was ich sehe. Vielleicht vermögen meine Beispiele klarzumachen, wie kompliziert Feng-Schui für den ›Wilden‹ ist. Für den Meister ist Feng-Schui derart selbstverständlich wie für den Radioingenieur die Funktion einer Antenne. Und genauso wie der Ingenieur Werkzeuge, Meßinstrumente und Verstärker benötigt, um die Stimme der Antenne einzufangen, verwendet der Feng-Schui-Lehrer ein spezielles Instrument, *lo P‹an* genannt, um die Ströme des Drachen und des Tigers anzupeilen. Der heutige Fernsehtechniker weiß nicht nur, *daß* die Antenne soundsoviele Sendungen auffängt, er kennt auch die exakten Wellenlängen in ihrer numerischen Reihenfolge und – bei Parabolantennen – die genaue Position des Satelliten am Firmament. Dieses Wissen ist in Zahlen festgehalten.

Genauso weiß der Meister in Feng-Schui nicht nur, wie alle Himmelskörper ›funktionieren‹, sondern er kennt auch ihr numerisches Verhältnis zueinander und zur Erde, wobei sich die mathematische Ordnung wie die Bahnen der Himmelskörper stetig wiederholt. Diese zahlenmäßigen Daten wurden im alten China in komplizierten und nur für den Wissenden verständlichen Diagrammen festgehalten. Da gibt es acht Hauptdiagramme und acht Kompaßpunkte, die ihrerseits mit den acht Jahreszeiten, den sogenannten acht ›Vergleichstieren‹, und vielen kosmologischen Dingen in Zusammenhang stehen.

Diese Diagramme sind kreisförmig um einen Kompaß herum angeordnet, dessen Nadelspitze nach Süden zeigt. Die Holzscheibe mit den Diagrammen ist auf der Unterseite leicht kugelförmig, oben flach. Um den Kompaß herum staffeln sich in immer größeren Ringen die Diagramme, aufgemalt in roter und schwarzer Schrift. Da gibt es Ringe, auf denen sich die »Adern des Drachens« aufspüren lassen, auf anderen kann man den Einfluß der kosmischen Kräfte auf bestimmte, geographische Punkte ablesen, und wieder andere bezeichnen die negativen Strömungen im Gelände. Es gibt einfache *lo P‹an*-Scheiben mit sieben Ringen und komplizierte Meisterscheiben mit bis zu 38 Ringen.

Woher stammen all diese seltsamen Erkenntnisse? Die alten Chinesen erzählten sich, zur Zeit des Kaisers Fuk-Hi sei aus dem Wasser des Flusses Meng-ho »ein Ungeheuer mit Pferdekörper und Drachenkopf aufgetaucht« [93]. Auf dem Rücken habe das sprechende Monstrum die großen Diagramme von Himmel und Erde getragen.

Eine dumme Legende, würde sie mich nicht spontan an die babylonische Überlieferung von Oannes erinnern. Diese ist um 350 v. Chr. vom Priester des Gottes Marduk, Berossos, aufgezeichnet worden, wobei sich Berossos auf viel ältere Quellen bezog. Das dreibändige Geschichtswerk dieses Berossos, die »*Babylonika*«, ist bis auf wenige Fragmente verschollen, doch haben andere Historiker des Altertums daraus zitiert. Was schreibt Berossos?

»Im ersten Jahr ist aus dem Erythräischen Meer (heute Arabisches Meer)... ein vernunftbegabtes Lebewesen mit dem Namen Oannes erschienen. Dieses Wesen verkehrte den Tag über mit den Menschen, ohne Speise zu sich zu nehmen, und überlieferte ihnen die Kenntnis der Schriftzeichen und Wissenschaften und mannigfache Künste, lehrte sie, wie man Städte baut und Tempel errichtet, wie man Gesetze einführt und das Land vermißt, zeigte ihnen das Säen und Ernten der Früchte... Oannes habe... ein Buch geschrieben, das er den Menschen übergab.«

Ach ja, nur am Rande, im heiligen Buch der Parsen, im »*Awesta*«, taucht ein gleich geheimnisvoller Lehrmeister unter dem Namen Yma aus dem Meer auf und unterwies ebenfalls die Menschen.

Alle diese mystischen Lehrmeister versucht man uns als »Geister« unterzujubeln. Die haben üblicherweise keine »Kenntnisse der Wissenschaften und Schriftzeichen« und bringen auch niemandem bei, »wie man das Land vermißt«. Mich stört es nicht, wenn Mister Irgendwer unsere Vorfahren unterwies. Die Menschen der Steinzeit jedenfalls führten weder Tiefbohrungen durch, noch maßen sie das Magnetfeld der Erde; sie analysierten weder die positiven noch negativen Eigenschaften von Kupfer- oder Uranadern, geschweige denn jene von kosmischen Wellen. Doch exakt dieses Wissen vermittelt Feng-Schui. Feng-Schui ist die Heirat von Religion (= altem Glauben) und Wissenschaft (= bestätigtes Wissen).

Seit den Zeiten der himmlischen Kaiser setzten die Chinesen kein Bauwerk aus einer Alltagslaune ›irgendwohin‹, sondern stets an den errechneten Ort nach der Lehre von Feng-Schui. Heute nennt man das »im Einklang mit der Natur«. Und das Erstaunlichste: Die Lehre von Feng-Schui überdauerte alle Kriege und religiösen Veränderungen. Schließlich wird sie auch heute nach wie vor mit demselben Ernst praktiziert wie vor Jahrtausenden. Siehe den zwei Milliarden Bau der Hongkong-Bank.

Ich hatte behauptet, unsere steinzeitlichen Vorfahren hätten geahnt, daß die Erde kein geistloser Klumpen von kosmischer Materie sei und hätten danach gehandelt. Haben sie! Es gehört viel Wissen und Erfahrung dazu, Steinkreise und Ganggräber an den harmonischen Stellen der »Adern des Drachen« zu errichten und die Dissonanzen zu kennen und zu vermeiden. Um ein letztes Mal auf mein Beispiel mit den Antennen zu kommen: Auch im Wellensalat gibt es Störquellen natürlicher und künstlicher Art. Wer einen klaren Empfang wünscht, meidet diese Punkte. Voraussetzung ist das *Wissen* um derartige Störquellen.

Und, um gleich die richtige Sprengkerze obendrauf zu schrauben, Feng-Schui wurde nicht nur in China praktiziert – sondern weltweit! In Indien hieß das ähnliche System *»Vastu Vidya«*, in Burma *»Yattara«* und im fernen Madagaskar *»Vintana«*. Zwar wissen wir nicht, unter welchem Namen die Babylonier, Ägypter, Griechen oder auch die steinzeitlichen Europäer ›ihr‹ Feng-Schui betrieben, wir wissen auch nicht, welchen Namen es bei den vorinkaischen Stämmen in Südamerika hatte, aber das Resultat kommt auf dasselbe heraus. Kaum ein größeres Monument aus der Steinzeit steht auf dem weiten Erdenrund zufällig ›irgendwo‹ in der Gegend – sie alle liegen wie umgekippte Dominosteine auf schnurgeraden Linien, Kreuzungspunkten oder den Ausläufern von Strahlungszentren. Es ist kinderleicht, den Beweis für diese freche Behauptung anzutreten.

6. KAPITEL

SAGENHAFTE ZEITEN!

> »Kommen wir nicht alle von gestern her?«
> *(Jean Paul)*

30. Juni 1921: Alfred Watkins (1855–1935), Geschäftsmann, Pionier für photographische Technik und angesehener Zeitgenosse im englischen Städtchen Herefordshire, studierte ein Bündel Landkarten der Umgebung. Er suchte den kürzesten Weg zu einigen megalithischen Bauwerken, die er fotografieren wollte. Endlich auf der Karte gefunden, markierte er die Plätze mit einem kleinen, schwarzen Kreis. Plötzlich stutzte er: Die aufgespürten Orte lagen alle auf einer Linie, er konnte sie zu Pferd mit einem Kompaß in der Hand abreiten. Dies tat er auch. Getrennt durch Hügel, Flüßchen und Bergrücken lagen die vorgeschichtlichen Kultstätten wie Glieder auf einer geraden Kette, als ob vor Jahrtausenden jemand imaginäre Schnüre gezogen hätte.

Kurioserweise verlief die Linie auch durch diverse christliche Kirchen und Kapellen. Watkins begriff schnell: Die christlichen Zeugnisse standen auf heidnischem Boden. Irgendwann während der Christianisierung Britanniens hatten eifrige Mönche den Heidenkult zerschlagen. Und weil die Menschen am heiligen Platz der Vorväter kleben blieben und nicht von ihm ablassen wollten, ersetzte man ihn durch das Zeichen des Kreuzes. Wer einwendet, man dürfe doch keine christlichen Bauwerke in das Liniensystem mit einbeziehen, sei an den päpstlichen Befehl erinnert, den die Missionare erhielten, bevor sie nach England geschickt wurden. Heidnische Kultstätten sollten nicht zerstört, sondern am selben Ort dem christlichen Gott geweiht werden. So entstanden an den ehemaligen Zeremonialplätzen Kirchen, Kapellen und Kathedralen. Auf diese Weise trug die Kirche ungewollt dazu bei, eine sensationelle Tatsache zu konservieren.

Alfred Watkins, begeistert und verwirrt über seine Entdeckung, nannte die Linien »Leys« und gründete auch gleich eine Gesellschaft zu ihrem Studium, den »Old Straight Track Club« (sinngemäß: Klub der alten, geraden Linien). Er selbst glaubte anfänglich, seine »Ley-Lines« müßten vorgeschichtliche Wege sein, die von den frühen Inselbewohnern mittels Pflöcken und Visierlinien angelegt worden waren. Doch diese Ansicht mußte er bald revidieren. Watkins [96]:

»Ein Besuch in Blackwardine führte mich dazu, auf der Landkarte eine gerade Linie zu bemerken, die bei Croft Ambury begann... über Berggipfel, durch Blackwardine, über Risbury Camp und durch den hohen Grund von Stretten Grandison... Ich verfolgte die Visierlinie vom Berggipfel... die geraden Linien gingen immer wieder durch dieselbe Art von Objekten.«

Den Gedanken mit den Pflöcken und Schnüren konnte er rasch vergessen, denn die Linien zogen Steilhänge hinauf, überquerten Bergkuppen und sumpfiges Terrain. Zudem gerieten Alfred Watkins einige Schriften eines William Henry Black (gestorben 1872) in die Hände. Dieser Black war Historiker im Public Record Office in London und Mitglied der Britischen Archäologischen Gesellschaft gewesen. Schon er war auf die kuriosen Linien gestoßen, und bereits im Jahre 1870 hatte er an einer Versammlung in Hereford auf ein weltweites Liniennetz hingewiesen. Black damals zu den verdutzten Anwesenden [94]:

»Die Monumente, die wir kennen, markieren große geometrische Linien, Linien, die das gesamte Westeuropa bis über die britischen Inseln und Irland, die Hebriden, die Shetland- und Orkney-Inseln bis hin zum Polarkreis durchziehen... Es gibt sie in Indien, in China, in allen Ländern des Ostens, wo sie dem gleichen Muster folgen.«

Wir wissen nicht, woher William Henry Black seine Kenntnisse hatte, doch die Mitglieder des »Old Straight Track Club« erfaßte ein regelrechtes Fieber. Linien in alle Richtungen wurden aufgedeckt, oft lagen sie parallel, dann kreuzten sie sich im rechten Winkel, und mehrere Linien liefen zielgerade ins Zentrum des Steinkreises von Stonehenge. Die Clubmembers teilten sich ihre Entdeckungen auf Mappen mit, die von einem zum andern zirkulierten. (Diese Mappen liegen heute im Museum von Hereford.)

1925 veröffentlichte Watkins ein Buch [96], in dem er penibel und geographisch sehr exakt ganze Serien von Ley-Lines zur Diskussion stellte. Die »long-distance-lines« liefen nicht nur über Steinkreise, Menhire, künstlich aufgeschüttete, prähistorische Hügel und christliche Kirchen, sondern auch über Burgruinen, uralte Grenzmarkierungen und Straßenkreuzungen aus vorrömischer Zeit. Alleine durch Stonehenge wies Watkins fünf »lange Linien« nach, die sich im Zentrum des Steinkreises kreuzten und auf ihrer verlängerten Strecke vorgeschichtliche Rätselorte wie den »Old Sarum-Hügel«, die Kathedrale von Salisbury, den Steinkreis von Clearbury und das Frankenbury Camp durchschnitten. Zudem gelang Watkins mit Hunderten von Beispielen der Nachweis, daß auch die Namen der Ortschaften, Hügel und Berge, die von einer Ley-Linie berührt wurden, dieselben oder doch zumindest sehr verwandte Wortstämme aufweisen.

Linien im Gelände

Nach Watkins Tod veröffentlichten einige Klubmitglieder diverse Arbeiten, doch dann brach der Zweite Weltkrieg aus, das Interesse an den Ley-Lines sackte ab, die Mitglieder verstarben und die aufregende Entdeckung verschwand in Schubladen und Truhen von Witwen, die nichts damit anzufangen wußten. Erst zu Beginn der sechziger Jahre flackerte das Interesse an den kuriosen Linien erneut auf. Amateure aus allen Sparten verbanden Kraut und Rüben mit dicken Linien, daraus ergaben sich – logo! – endlose Kombinationen von Gitternetzen und Kreuzungspunkten. Ganz Britannien ein Liniennetz. Die ernste Wissenschaft winkte ab. Wenn man will, lassen sich, auf Teufel komm raus, irgendwelche Markierungen, Steinhäufchen, Kapellen und Burgen durch Linien verbinden. Was soll der Unsinn?

Die hartnäckigsten Forscher ließen sich durch die spöttische und oft überhebliche Kritik nicht abhalten. Vermessungsfachleute und Frühgeschichtler wurden hinzugezogen. Es galt, herauszufinden, welche Punkte auf einer Ley-Linie nun tatsächlich aus der Steinzeit stammten. Der Mathematiker Dr. Michael Behrend von der Cambridge University erstellte eine algebraische Formel, aus der sich die Wahrscheinlichkeit oder Unwahrscheinlichkeit von Linien herauslesen ließ, die zufällig eine Unzahl von Punkten in der Landschaft berührten und damit statistisch wertlos waren. Auf diese Weise wurden manche willkürlichen Linien eliminiert – die echten blieben.

Landvermesser wiesen darauf hin, daß eine Linie auf einer flachen Karte, bedingt durch die Erdkrümmung, nicht dasselbe sei wie eine Linie im Gelände. Doch das Argument trifft nur auf längere Linien von mehr als 50 Kilometern zu, und auch dann ist die Diskrepanz auf modernen Karten wirklich unbedeutend, weil die Erdkrümmung auf den Karten mitberücksichtigt ist.

Davon kann sich jedermann sowohl auf der Karte wie auch im Gelände leicht selbst überzeugen. Man nehme eine Karte mit einem großen Maßstab, ideal ist 1:5000, doch geht auch noch 1:25 000, vom Gebiet um die englische Stadt Salisbury, nordwestlich von Southampton. Noch kleinere Maßstäbe führen die Einzelheiten nicht auf. Von Stonehenge, das nordwestlich von Salisbury liegt, läßt sich auf der Karte eine schnurgerade Linie über den steinzeitlichen Hügel von Old Sarum ziehen. Diese Linie verlängert man exakt über die Kathedrale der Stadt Salisbury, den Clearbury-Ring und das Frankenbury Camp. Alle Orte sind vorgeschichtlich, die Kathedrale von Salisbury ist auf einem heidnischen Zeremonialplatz errichtet worden. Nun stelle man sich im Gelände auf die Spitze des Hügels von Old Sarum und blicke nord- wie südwärts. Ein Kompaß beweist die pfeilgerade Visierlinie. Alle Punkte sind von der Hügelspitze aus einsichtbar. Die Linien stimmen sowohl im Gelände als auch auf der Karte. Ich hab's ausprobiert.

Der auf Archäologie spezialisierte Journalist Paul Devereux und der Mathematiker Robert Forrest, die sich kritisch mit den Ley-Lines auseinandersetzten, beendeten einen Beitrag in der wissenschaftlichen Zeitschrift *»New Scientist«* mit den Worten [97]:

»Es mag moderner Widerwille sein, einzugestehen, daß alte Gesellschaften einst Aktivitäten entwickelten, die wir nicht begreifen. Das gilt auch bezüglich des hartnäckigen Schweigens der Archäologie über die Linien in den peruanischen Anden und ebenso gegenüber dem sturen Widerstand einer gründlichen Untersuchung der Ley-Lines-Theorie in England.«

Freilich haben Paul Devereux und Robert Forrest in ihrer sauberen Arbeit unsinnige Linien entlarvt – und andere klipp und klar bestätigt. Man sollte meinen, derartige Artikel würden zur Aufklärung der wahrlich aufregenden Tatsachen beitragen und die Fachwelt hellhörig werden lassen. Fehlanzeige. Die klassische Archäologie bunkert und spielt Vogel Strauß. Man will das Unmögliche selbst dann nicht zur Kenntnis nehmen, wenn es auf dem Servierbrett präsentiert wird. Wo bleibt das vielgelobte wissenschaftliche Denken? Wo der Forscherdrang? Wo die Lust an der Wahrheitsfindung?

Die Ley-Lines in Britannien sind ein unumstößliches Faktum, und wenn wir uns noch so sehr die Haare raufen und ausrufen: Wie ist das möglich? Wie konnten Menschen der Steinzeit ihre heiligen Plätze auf geraden Linien errichten? Welche vermessungstechnischen Instrumente standen ihnen zur Verfügung? Wer hat sie an- und eingewiesen? Und insbesondere: *Weshalb* das alles? Wurden die Linien von Mister Irgendwer festgelegt und dann – beispielsweise – Stonehenge darum herumgebaut, oder existierte zuerst Stonehenge und später wurden Linien darauf ausgerichtet?

Beide Varianten führen zu unmöglichen Konsequenzen. Wenn Stonehenge zuerst da war, müßten sich die nachfolgenden Generationen über Jahrtausende an das nirgendwo aufgezeichnete Liniennetz gehalten haben. Es existierten schließlich keine Landkarten oder topographische Atlanten, und die Schrift war noch nicht erfunden. Die diversen steinzeitlichen Anlagen sollen aber zu unterschiedlichen Zeiten entstanden sein. Und wenn zuerst die Linien festlagen und *dann* Stonehenge ins Netz gewoben wurde? Wer – bitte! – legte das Liniennetz *vor* der ersten Bauetappe von Stonehenge, also vor mindestens 4800 Jahren, fest? Unmöglich.

Vielleicht läßt sich für Britanniens Liniennetz ein windiger Rettungsanker finden, obschon ich nicht ahne, welche Ausrede dafür herhalten könnte. Doch was nützen die Ausflüchte, wenn auch ganz Europa – Deutschland, die Schweiz – und Südamerika – Peru, Bolivien – mit demselben Raster abgedeckt sind? Hat ›Engel Erde‹, bevor er sich erkältete, pardon, bevor die Erdkruste erstarrte, eine Art von ›Antennengitter‹ um seinen Leib geflochten? Spürten naturverbundene Menschen diese »Adern des Drachens«? Fühlten sie instinktiv, welche Punkte für Siedlungen und heilige Plätze geeigneter, gesünder, weniger ›störanfällig‹ waren als andere? Gab es im Menschen einst ein Sensorium, das uns Heutigen abgeht? Verfügten unsere urigen Vorfahren über eine zarte Gefühls- und Meßskala, die im Verlaufe der Menschheitsgeschichte durch die schier ununterbrochenen Kriege und endlosen religiösen und politischen Rechthabereien abstumpfte?

Mag sein. Keiner von uns war dabei, als ›Engel Erde‹ seine Nervenstränge um die Kugelgestalt legte – doch dies alles erklärt die *geraden* Linien nicht. Kupfer-, Blei-, Gold- oder andere Adern verlaufen nun mal nicht in pfeilgeraden Linien über den Globus. Es müßten andere Kräfte wirken mit der Eigenschaft, sich an Linien und Kreuzungspunkte zu halten. Welche Kräfte? Elektrostatische Felder? Der Magnetismus? Infrarot oder Ultraschall? Feine Temperaturunterschiede? Mikrowellen? Kosmische Strahlungen? Oder saß den Urmenschen so etwas wie ein Lustempfänger im Kopf – vergleichbar den Brieftauben –, der sie dazu zwang, stets in geraden Linien zu siedeln? Die Denkvarianten mögen verspielt sein und reichen doch alle nicht: Die Vorfahren der Megalithiker, die Höhlenbewohner, hielten sich schließlich nicht an Lineale.

Es geht wahrhaftig um eine Herausforderung ganz besonderer Art. Statistisch und empirisch sind die vorgeschichtlichen Linien vollständig abgesichert – aber es gibt keine auch nur halbwegs zufriedenstellende Erklärung dafür. Dazu ein Satz des Physikers und Philosophen Carl Friedrich von Weizsäcker (geb. 1912): »Die Physik erklärt die Geheimnisse der Natur nicht, sie führt sie auf tieferliegende Geheimnisse zurück.«

Nazis und die »heilige Geographie«

Geheimnisse ärgern den Forscher, reizen zum Widerspruch. Sie sind die Unruh oder das Kreuzworträtsel, das zu entschlüsseln man sich vornimmt. Seit der Mensch denken kann, bohren Fragen in seinem Gehirn, zwingen ihn zum Grübeln. Um die rätselhaften Linien in England haben sich insbesondere John Michell und Nigel Pennick verdient gemacht. Sie gelten zu Recht als Britanniens »Päpste«, ihre Bücher, von kaum einem Archäologen beachtet, sind in mehrere Sprachen übersetzt worden [95,98,99].

Im deutschsprachigen Raum nahmen sich verschiedene Amateure, von denen einige in ihrem Arbeitsleben zu Profis heranwuchsen, der heiklen Thematik an. Schon 1929 legte ein Professor Dr. R. Stuhl in der Zeitschrift »Der Teutoburger Wald« kuriose Orts- und Namensverbindungen offen [100]. Im selben Jahr erschien in Jena das Buch eines Dr. Wilhelm Teudt über »Germanische Heiligtümer« [101]. Ein Jahr später entlarvte Dr. Herbert Röhring »Heilige Linien durch Ostfriesland« [102]. Dann kam 1938 Dr. Heinsch mit seinen »Grundsätzen vorzeitlicher Kultgeographie« [103] und schließlich, in den siebziger Jahren, Richard Fester mit wirklich verblüffendem und hervorragend recherchiertem Material [104,105].

Damit war der Anfang gemacht, ein sehr schwerer Anfang, denn die Forscher vor dem Zweiten Weltkrieg ritten auf der Welle des Nationalismus. Die Thematik wurde politisiert und von den Nazis aufgegriffen, staatliche Institutionen entstanden, in denen die »heilige Geographie« erforscht wurde, denn schließlich sollten die alten Germanen als großes Kulturvolk dargestellt werden. Spezielle Karten mit »heiligen Linien« wurden angelegt, die sogar Einzug in den militärischen Bereich fanden. Man vermutete an bestimmten Kreuzungspunkten besondere Kräfte, die zum Heil der Nazis und zum Untergang der Gegner beitragen sollten.

Kein Wunder, wenn deutsche Gelehrte der Gegenwart nicht die geringste Lust verspüren, sich die Finger an diesem heißen Eisen zu verbrennen. Seit 45 Jahren ist Deutschland kein Nazi-Reich mehr, und während ich diese Zeilen tippe, spricht alle Welt von einer deutschen Wiedervereinigung. Die deutsche Demokratie ist gewachsen und zählt wohl zu den gesündesten der Welt. Es ist an der Zeit, die wirklich alten und echten »Ley-Lines«, die unbestreitbar auch über Deutschland (und die Schweiz) laufen, aufzuzeigen und ohne politische Polemik oder gar Demagogie in die moderne Forschung einzubringen.

Die »heilige Geographie«, die deutsche Abart von Feng-Schui, heißt hierzulande ›Geomantie‹. Der *»Große Brockhaus«*, Jahrgang 1956, verweist beim Wort ›Geomantie‹ auf den Begriff ›Punktierkunst‹ und vermeldet [38]:

»Punktierkunst, die Orakelpraktik, aus zufällig in Erde oder Sand markierten oder auf Papier nach einem bestimmten System verteilten Punkten die Zukunft zu deuten. Die Punktierkunst wurde im Mittelalter mit der Erdwahrsagung (Geomantie), die Erdbeben u. a. zu Weissagungen verwendete, in Beziehung gesetzt. Sie stammt aus dem Orient, ist verwandt mit dem chinesischen Schafgarbenorakel und ist besonders am Ende des 17. und anfangs des 18. Jahrhunderts in ›Punktierbüchern‹ behandelt.«

Das ist dürftig und insbesondere nur die halbe Wahrheit. Für zukünftige Ausgaben wird sich ein Brockhaus-Redakteur wohl etwas ernsthafter mit der Geomantie auseinandersetzen müssen. Daß die »Punktierkunst« ein mittelalterlicher Aberglaube war, ist eine Tatsache – daß die heiligen oder unheiligen Linien im Gelände existieren, eine andere.

Aberglaube und Tatsachen

Dr. Herbert Röhring, der 1930 seine Arbeit über die »heiligen Linien durch Ostfriesland« im Rahmen der »Landeskunde« und unter Mitwirkung des »Staatsarchivs Aurich« herausgab, vermerkte im Vorwort [102]:

»Nun können solche Erscheinungen [die Linien; EvD], wenn sie vereinzelt auftreten, gewiß auch einem merkwürdigen Zufall zugeschrieben werden. Denn jede durch eine Karte gezogene, längere Linie trifft ja allerlei Punkte, darunter wohl auch einen oder gar mehrere, denen eine archäologische Bedeutung zugesprochen werden kann. Aber schließlich hört einmal der Glaube an einen Zufall oder die Möglichkeit eines Zufalls auf, wenn die gleichen Erscheinungen bei unserem System der Nord- und Ostlinien sich häufen, bei einem anderen, beliebig gewählten, in der gleichen Weise angewendeten System aber seltener auftreten.«

Röhring war überzeugt, daß die Ausrichtung der heiligen Orte »nur in vorchristlicher Zeit erfolgt sein konnte«, mindestens in der Bronzezeit – wenn nicht schon früher. Und er fand es höchst erstaunlich, daß viele Linien archäologische Punkte berühren, die weitab von Ortschaften liegen, denn deswegen können die geraden Ausrichtungen keine alten Wege oder gar Heerstraßen gewesen sein. »Aus der Lage der

Wege, ihrer Absonderung von menschlichen Wohnungen folgt, daß der Zweck den Andrang der Menschen möglichst abwehren sollte.«

Wie kommt man zu der Logik, diverse Kultplätze auf den geraden Strecken sollten »Menschen abwehren«? Röhring: »Wären die Wege zur Zeit des Christentums entstanden, so hätte man sie fest und trocken durch die bewohnten Orte gelegt, denn das Christentum forderte Öffentlichkeit seiner Predigt und Gottesverehrung. Das Heidentum dagegen schloß sich ab, es wirkte auf die Gemüter der Menschen durch geheimnisvolle Schauer, und die heidnischen Verehrungsplätze lagen immer abgesondert.«

Für die »geheimnisvollen Schauer« des »Heidentums« habe ich Verständnis. Woher hätten die steinzeitlichen Horden schon wissen sollen, weshalb sich die unverständlichen Götter an ihre »heiligen Linien« hielten? Eine dieser West-Ost-Linien beginnt nördlich der Ortschaft Larellt, westlich von Emden, läuft über die große Kirche von Emden, zieht über den heidnischen Kulthügel bei Hoheenden, südlich von Simonswolde, quer über die Hauptkreuzung der Ortschaft G.-Timmel (»heidnische Wegkreuzung«) und pfeilgerade über die Kirche von Strackholt. Distanz: knapp 50 Kilometer.

Die Parallellinie dazu beginnt auf dem Kirchplatz der Stadt Norden und zieht über den Kirchplatz von Westerholt schnurstracks auf den heidnischen Rabbelsberg beim Örtchen Dunum. Zu West-Ost-Linien gehören immer auch Nord-Süd-Linien. Die eine läuft vom Kirchplatz der Stadt Norden auf den Kirchplatz der Stadt Emden, die andere – wo sonst? – vom Rabbelsberg bei Dunum zum Kirchplatz von Strackholt. Die vier Linien bilden ein Rechteck.

1974 erschien ein Buch über Geomantie von Richard Fester und 1981 gleich eine Fortsetzung [104,105]. Darin präsentiert Fester Karten mit Nord-Süd- und Ost-West-Linien, daß einem schwindlig werden kann. Dazu Hunderte von verwandten Ortsnamen, wie Perlen auf einer Schnur aneinandergereiht. *Abertausende* von Kirchen, Kapellen und heidnischen Kultplätzen, doch auch von Burgen und Ortsmittelpunkten werden durch gerade Linien zerschnitten. Der ganze deutschsprachige Raum ein riesiges Gitternetz! Zumindest einige dieser deutschen »Ley-Lines« überprüfte ich auf modernen Karten und stellte neidlos fest: Der Mann hat saubere Arbeit geleistet. Zwei Beispiele:

Am nördlichen Stadtrand von Wiesbaden liegt der »heidnische« Neroberg. Von hier aus zieht eine leicht süd-östlich gezogene Linie quer durch den Stadtkern von Wiesbaden, dann durch die Altstadt von Mainz, den Dom von Worms und den Dom von Speyer. Fester: »Mag man da noch von Zufall sprechen? Höchstens davon, daß die Erbauer dieser himmelragenden Zeugen deutschen Christentums von den Zwängen, denen sie unterlagen, nichts mehr ahnen konnten« [104]. So ist es.

Eine Linie von Westen Richtung Osten beginnt südlich von Basel beim Ort Münchenstein, zieht über das Stift Olsberg, über die Kuppe des 630 Meter hohen Sonnenberges gerade auf das Örtchen Stein, vis-á-vis von Säckingen, zu. Weiter geht's wie im Fluge über die Orte Murg, Laufenburg, Stadenhausen nach Rafz, wobei auch noch die Burgen von Hüslihof und Stammheim berührt werden. Die Strecke zieht nach Kattenhofen auf der deutschen Seite des Untersees, dann hinüber auf die Schweizerseite durch Steckborn und pfeilgerade nach dem deutschen Meersburg. »Auch die

Burg von Ittendorf und die Hochkreuzkapelle bei Riedlingen, Bettenweiler und Eschbach werden keineswegs ausgelassen« [104]. Die Gesamtstrecke beträgt runde 150 Kilometer Luftlinie.

Da bleibt einem – um mit den Berlinern zu reden – »die Spucke weg«. Ich zog Festers Linie auf einer Karte mit dem kleinen Maßstab 1:400000 nach und bemerkte, daß die aufgezählten Orte oft nicht direkt unter meiner Geraden lagen. Verwirrt hängte ich zwei Karten 1:50000 aneinander und, heureka, es klappte. Wobei es dem unermüdlichen Richard Fester nicht nur gelang, »Ley-Linie um Ley-Linie« nachzuweisen, sondern auch noch die Orte, Kirchen, heidnischen Denkmäler und Burgen auf ihre Wortstämme hin abzuklopfen.

Auch wenn so mancher Punkt eher zufällig unter eine gerade Strecke geriet, bleiben unbestreitbar zuviele Perlen auf den Ketten. Wie kam der Zauber zustande? Was hatten vor Jahrtausenden die heutigen Orte Aachen, Frankfurt, Würzburg, Nürnberg und Donaustauf gemeinsam? Nichts? – Weshalb liegen sie dann auf einer geraden Strecke? Ach ja, und weshalb endet die schöne Städtelinie nach rund 300 Kilometern an einem unbedeutenden Punkt nordöstlich des Dorfes Donaustauf? Weil in der dortigen Umgebung die Walhalla lag. Zwar wurde der heutige Ruhmestempel zu Ehren großer Deutscher erst von König Ludwig I. von Bayern errichtet, doch nach der Sage war die Walhalla die Totenhalle des nordischen Gottes Odin.

So hängt denn alles zusammen – und kaum einer merkt es. Wer weiß schon, daß die heutige Stadt Karlsruhe, vom zentralen Schloßturm aus betrachtet, einen Fächer von neun gleichmäßigen Abschnitten darstellt, der seinerseits in gerader Linie mit dem Dom von Speyer und dem Mannheimer Schloß gekoppelt ist? Herausgefunden hat dies, und vieles mehr, der Naturwissenschaftler Dr. Jens Möller [106,107]. Oder wer hat schon je vernommen, daß über 200 bayerische Nester in geraden Linien und rechtwinkligen Dreiecken ineinander verschachtelt sind [80, 108]? Lauter unmögliche Zufälle, ist man versucht zu sagen, doch die ungereimten Kuriositäten ziehen über die Schweiz und Österreich hinunter nach Griechenland und weiter nach Israel und Ägypten.

Wer Landkarten, Maßstab und Augen hat, kann am heimischen Tisch auf lustige und höchst verblüffende Entdeckungsfahrt gehen. Da offenbaren sich nicht nur zielgerade Linien, die vorchristliche Kultorte miteinander verbinden, sondern irgendwer stülpte irgendwann sogar riesige, fünfzackige Sterne über die Landschaften. Ich kontrollierte wenigstens einige dieser überdimensionierten Pentagramme auf der Karte und mit dem Millimeterstab und kann schlicht bestätigen: Es wurde nicht geschummelt.

Am Rande noch dies: Das Pentagramm, auch »Drudenfuß« oder »Fünfstern« genannt, ist ein mythisches Zeichen, dessen Ursprung ins Altertum zurückgeht. Schon bei den Pythagoreern galt das Pentagramm als Zeichen der Gesundheit und Kraft. Die Druiden sahen im »Drudenfuß« ein Symbol zur Abwehr böser Geister. Seit frühen Zeiten wird in den Fünfstern auch die Gestalt des bewußten Menschen gezeichnet. In die unteren Strahlen die Beine, in die seitlichen die ausgebreiteten Arme, im Zentrum den Körper und in die Spitze den Kopf. In den gnostischen Schulen wurde das Pentagramm auch als »flammender Stern« und Symbol der Allmacht [111] gesehen. Die Freimaurer legten in den

Mittelpunkt des Pentagramms den Buchstaben »G«. Er soll die Worte »Gnosis« und »Generatio« signalisieren, beides sind heilige Worte der Kabbala. Schließlich wird das Pentagramm auch noch »großer Architekt« genannt, denn von welcher Seite her man es auch betrachtet, stets taucht der Buchstabe »A« auf – für »Alpha« = »Anfang«. Goethe warf im *Faust* die Frage auf: »Das Pentagramma macht dir Pein?« Geometrisch gesehen ist dieser »Drudenfuß« ein Fünfeck, auf dessen Seiten gleichschenklige Dreiecke konstruiert werden, wobei mit einer Linie von einer Ecke aus alle vier anderen Punkte berührt werden. Zwei Beispiele:

Das erste Beispiel stammt von Dr. Jens Möller, studierter Biologe und Vorsitzender der Kosmosophischen Gesellschaft in Karlsruhe. Obschon sich der fünfzackige Stern über die Stadt Karlsruhe bis hinauf nach Rastatt legt, handelt es sich doch um ein verhältnismäßig kleines Pentagramm. Deshalb ist die Kontrolle nur auf einer Karte im großen Maßstab 1:5000 möglich. Hier die Linien: Den nördlichsten Punkt bildet die Kirche der Ortschaft Eggenstein (am nördlichen Stadtrand von Karlsruhe). Von dort läuft die Süd-Ost-Verbindung auf die Kirche St. Wendelin in Rastatt-Rheinau, dann nordwestlich hinüber zum Ort Klein-Steinbach und weiter hinüber zur nordöstlich gelegenen Kirche auf dem Büchelberg und von dort zurück in südwestlicher Richtung zu einem heidnischen Platz im Klosterwald bei Frauenalb. Logischerweise lassen sich alle Punkte Eggenstein–Büchelberg–St. Wendelin–Klosterwald–Klein-Steinbach durch Linien verbinden und ergeben ein Fünfeck, wobei jeder Ort gleich weit vom anderen entfernt ist.

Dem gründlichen Dr. Möller fielen noch verwirrendere Einzelheiten auf: Die Streckenverhältnisse des Pentagramms entsprechen den klassischen Proportionen des Goldenen Schnitts, denn die Teilungslinien durchlaufen nicht einfach unberührten Boden, sie durchstoßen sehr exakt die Kirchen der verschiedenen Ortschaften. So wird die Strecke Klosterwald–St. Wendelin unterbrochen durch St. Margareten. Der größere Teil des Goldenen Schnitts bildet die Strecke Klosterwald–St. Margareten, der kleinere Teil die Strecke St. Margareten–St. Wendelin. Dasselbe gilt andersherum. Die Distanz Klosterwald–Kleinsteinbach wird unterbrochen durch Langensteinbach. Den größeren Teil des Goldenen Schnitts bildet die Strecke Klosterwald–Langensteinbach, den kürzeren Teil die Strecke Langensteinbach–Kleinsteinbach. Obschon es sich hier um kein riesiges Pentagramm handelt, bedeckt die Strecke Eggenstein–St. Wendelin, die über Karlsruhe läuft, doch immerhin rund 30 Kilometer. Und noch eine Kuriosität: Die Strecke Eggenstein–St. Wendelin führt auch durch die Kirche von Knielingen, einem heutigen Stadtteil von Karlsruhe. Seit unbekannten Zeiten zeigt das Wappen von Knielingen ausgerechnet ein Pentagramm. Nicht einmal die Stadtväter wissen, wie dieser Fünfstern in das Ortswappen gelangte. Dazu Dr. Möller: »Das kann kein Zufall sein« [109,110].

Das zweite Beispiel stammt von Dr. Richard Allesch aus Klagenfurt in Österreich [112]. Dort liegt, nordwestlich von Klagenfurt, das Örtchen Maria Saal und anderthalb Kilometer nördlich davon der Herzogstuhl. Dieser Herzogstuhl, ein altes, kultisches Denkmal, markiert das exakte, geometrische Zentrum des Pentagramms. Kompaßgenau in nördlicher Richtung, 13 Kilometer entfernt, liegt am Südhang des Kraigerberges die Burgruine von Hochkraig. Sie bildet den nördlichsten Punkt des Pentagramms. Um die zerfallene Burg herum lassen sich noch vereinzelte Reste einer Megalithanlage aufstöbern. Von hier verläuft die erste Linie süd-östlich zum Berg mit dem drolligen Namen Schrottkogel. Dort sind ebenfalls die Reste einer ehemaligen Mauer erkennbar sowie zweifelsfrei bearbeitete Megalithen, die von irgendeiner Generation sogar als Malsteine mißbraucht wurden. Vom Schrottkogel geht es quer über die Stadt Klagenfurt zur Spitze des Lippe Kegels. Erneut findet man die Rudimente einer vorgeschichtlichen Anlage. Jetzt eine 23,5 Kilometer lange Linie nach Osten zum Krobathenberg, auf dem, wie könnte es anders sein, vorgeschichtliche Megalithen herumliegen. Die nächste Linie zieht vom Krobathenberg nach Südwesten zur verfallenen Kirche St. Ursula bei Truttendorf. Was von der Kirche übrigblieb, liegt in rund 500 Metern Höhe inmitten der Trümmer einer ehemaligen Wallmauer. Auch dort finden sich die Megalithen einer vorgeschichtlichen Anlage. Von St. Ursula wieder nördlich zum Hochkraig – und fertig ist der Fünfstern.

Sicher könnte man von einer geometrischen Laune sprechen, von willkürlich herbeigezerrten Verbindungspunkten, würden die Linien des Pentagrammes nicht haarscharf Burgruinen und Kirchtürme zerschneiden und läge nicht punktgenau im Zentrum der Herzogstuhl. Und wie beim Pentagramm in Karlsruhe gibt es eine besonders bissige Kuriosität zu vermelden: Bei Truttendorf liegt die Burgruine der Herren von Truindorf. Noch im 14. Jahrhundert führten die Burgritter von Truindorf in ihrem Wappen – das Pentagramm!

»Es ist sehr schwierig, Menschen hinters Licht zu führen, sobald es ihnen aufgegangen ist« (Alfred Polgar, österreichischer Kritiker, 1873–1955).

Mir ist bewußt, daß die ganze Geschichte um diese »heilige Geographie« an den Nerven zerrt. Sie klingt irgendwie exotisch, weit hergeholt, der Verstand weigert sich zu akzeptieren, was eindeutig vorliegt. Wie überhaupt und weshalb sollen Menschen der Vorgeschichte ihre heiligen Plätze in geraden Linien von Hunderten von Kilometern, buchstäblich über Stock und Stein, Berggipfel, Sümpfe und Seen angelegt haben? Und was, bei Wotan, Apollo oder Salomon, bedeuten die überdimensionierten Fünfsterne in der Landschaft? Falls... ja, falls die Zacken der Pentagramme einst durch Fackeln erleuchtet waren, hätten zumindest riesige Sterne von der Erde himmelwärts gestrahlt. Vielleicht geschah exakt dies an bestimmten, heiligen Tagen – und die Gnostiker wußten sehr wohl, weshalb sie das Pentagramm »flammender Stern« titulierten.

Am Ende bleiben nur zwei Argumente stichfest: 1. Die befremdlichen Pentagramme sind naturwidrig. Irgendwelche Bodenstrahlungen, Metall- oder Wasseradern können dafür nicht herangezerrt werden. 2. Sie wurden bereits in vorgeschichtlicher Zeit angelegt. Dies läßt Rückschlüsse auf Planung und Vermessungstechnik zu. Die steinzeitlichen Vorfahren hatten nun wirklich keine Veranlassung, die Landschaft mit gigantischen Fünfsternen zu markieren. Womit hätten sie sie ausmessen sollen? Immerhin verläuft der Stern um Klagenfurt über Hügel und Berge. Die Argumentation führt schnurstraks zu den allgegenwärtigen Meistern. Welches Interesse könnten die später als »Götter« bezeichneten Lehrmeister daran gehabt haben, Landschaften mit Fünfsternen auszuschmücken?

Die »himmlischen Wesen« wirkten an verschiedenen Stellen unseres Globus. Vielleicht gab es versprengte Grup-

253

pen, die ihre Entwicklungshilfe für die Menschheit weitab vom Hauptquartier leisteten. Mit Pentagrammen und geraden Linien in der Landschaft ließen sich gleich mehrere Ziele erreichen:

a) Signale nach oben,
b) Grenzmarkierungen,
c) Flugeinweisungen,
d) Tankstellen,
e) Botschaften für die Zukunft.

Vor 155 Jahren verblüffte der berühmte deutsche Astronom und Mathematiker Carl Friedrich Gauß seine Kollegen mit einem ungewöhnlichen Vorschlag. Gauß regte an, einen großen Wald in Form eines rechteckigen Dreiecks zu pflanzen. Dies müßte außerirdische Lebewesen, welche die Erde mit ihren Teleskopen beobachten, stutzig machen. Sie müßten merken, daß das grüne Dreieck nicht auf natürliche Weise entstanden sein konnte, und daraus würden sie den Schluß ziehen, daß unser Planet von denkenden Wesen bewohnt wird.

Ähnliche Vorschläge sind später mehrfach laut geworden. Im fruchtbaren Getreidegürtel der USA ließe sich ein gigantisches Dreieck aus Korn anlegen und darinnen ein Ring aus Mohnblumen. Wer immer die Erde im Visier hatte, würde alljährlich zu einer bestimmten Zeit den Farbwechsel von rotem Kreis und gelbem Dreieck bemerken und daraus ablesen, daß wir Erdbewohner mit dem Lehrsatz des Pythagoras vertraut sind.

Mit ausgedehnten Fünfsternen im Gelände hätten außerirdische Lehrmeister ihren Kollegen signalisiert: a) Hier ist eine Gruppe von euch tätig; b) hier *war* eine Gruppe von

ETs tätig; c) an zukünftige Menschen gerichtet: Dies ist das Zeichen unseres einstigen Wirkens.

Derselbe Effekt läßt sich auch mit den Nord-Süd- und Ost-West-Linien erreichen, die sich unvermeidlich im rechten Winkel schneiden müssen. Zusätzlich eignen sich die geraden Strecken als Grenzmarkierungen für vorgeschichtliche Stämme und außerdem als Visierpunkte, Einflugschneisen und – in regelmäßigen Abständen – Tankstellen. Verlaufen *unter* den Linien auch noch Mineraladern und werden an den Kreuzungspunkten bestimmte natürliche Strahlungen oder Energien frei, konnte dies den Lehrmeistern nur recht sein. Vielleicht richteten sie ihr Gitternetz gar nach derartigen Punkten aus, weil sie die Erdenergien in irgendeiner Form anzapften.

Diese Meinung unterstützt zumindest Bruce Cathie, Berufspilot und ehemaliger Kapitän einer DC-8 in zwei Büchern [113, 114]. Der Neuseeländer Bruce Cathie, ein hervorragender Kartenkenner und kühler Rechner, hatte über viele Jahre alle Daten über UFO-Bewegungen gesammelt und auf Weltkarten und Atlanten übertragen. Zu seiner eigenen Verblüffung entstand ein riesiges, globales Netz mit diversen Strahlungszentren, über welches sämtliche registrierten UFO-Strecken immer wieder führten. Geradeso als ob die UFO-Besatzungen periodisch stets die gleichen Stellen anlaufen müßten, um etwas abzuholen. Bruce Cathie: »Es gibt ein weltweites Energienetz, das von UFOs während ihrer terrestrischen Expeditionen angesteuert wird.«

Diese Feststellung mag für unsere Zeit zutreffen, ob sie auch für die Vergangenheit gilt, ist unbeweisbar. Max Planck schrieb einst an seinen Freund und Korrespondenzpartner Sommerfeld [115]:

»Was ich gepflückt, was Du gepflückt, das wollen wir verbinden, und da sich eins zum andren schickt, den schönsten Kranz draus winden.«

Sternenstraßen

Der Kranz aus unsichtbaren Linien im Gelände windet sich um den Globus. Dies ist das eigentlich Geheimnisvolle, das uns Menschen so ratlos und winzig werden läßt. Und auch die Schaukel von der Vergangenheit in die Gegenwart wippt heute noch, denn die alten Kultplätze sind nicht ausradiert, und selbst so mancher Heilige der Christenzeit schlüpfte in eine urgeschichtliche Rolle.

Zum Beispiel der heilige Jakobus. Sein Grab liegt im Nordwesten Spaniens, in der Kathedrale von Santiago de Compostela. Dorthin bat Papst Johannes Paul I. im August 1989 die Jugend zum 4. Weltjugendtag – und über 300000 folgten dem Ruf. Gut die Hälfte der Jungen und Mädchen legte eine 200-Kilometer-Strecke zu Fuß zurück, nicht ahnend, daß sie auf einer uralten »heidnischen Linie« marschierten. Der St.-Jakobs-Weg sollte nach den Vorstellungen der Organisatoren für die Pilger zur »Sinnfindung des Lebens« [116] werden – ein hervorragendes Motto, und ich könnte mir denken, daß gerade Papst Johannes Paul I. sich mehr dabei dachte, als in die Öffentlichkeit dringen durfte. Schließlich schrieb ausgerechnet er seine Doktorarbeit über den spanischen Mystiker Juan de la Cruz, und in Santiago de Compostela verkündete er: »Ich, Nachfolger Petri auf dem Stuhl von Rom, Bischof und Hirte der Universalkirche, rufe dir, altes Europa, von Santiago aus zu: Finde wieder zu dir selbst! Sei wieder du selbst! Belebe deine Wurzeln!« [116]

So will ich meinerseits dem päpstlichen Ruf folgen und die Wurzeln von Santiago de Compostela beleben. Von Karl dem Großen wird behauptet, er habe sich zum Grabe des Heiligen Jakobus nach Santiago de Compostela begeben, wo ihm eine »Offenbarung« widerfahren sei. In Wirklichkeit hat Karl der Große »seinen Fuß niemals in diese Gegend gesetzt« [117], und die »Offenbarung« wurde nach seinem Tod zusammengedichtet. Der Weg nach Santiago de Compostela sei dem großen Karl »durch zwei Sternenstraßen gewiesen worden« [117], sagt die Legende.

Kurioserweise existieren diese »Sternenstraßen« – nur haben sie mit Karl dem Großen überhaupt nichts zu tun, denn es gab sie schon Jahrtausende zuvor. In seinem Buch »*Santiago de Compostela*« enthüllte mein Kollege Louis Charpentier »das Geheimnis der Pilgerstraßen« [117], die von der französischen Mittelmeerküste kerzengerade über die Pyrenäen nach Santiago de Compostela verlaufen und dabei »*genau* zwei Breitenkreise von Osten nach Westen« bilden. Nicht nur, daß ganze Ortsketten auf demselben Breitengrad liegen, sie tragen im Namen auch noch denselben Wortstamm. Beispiele: *Les Eteilles* (Katalonien, bei Luzenac), *Estillon* (südliche Pyrenäen-Seite), *Lizarra* (beim Somport-Paß), *Lizarraga* (bei Pamplona), *Liciella* (Berge von León), *Aster* (Galizien). In jedem Ortsnamen steckt der Begriff »Stern«, und sämtliche Punkte liegen auf 42° 46′. Wer zufälligerweise noch das Wörtchen ›Zufall‹ im Mund hat, sollte es jetzt ausspucken.

Eine andere »Sternenstraße« verläuft zwischen dem 48. und 49. Breitengrad. Sie beginnt südlich von Straßburg und verläuft von Ost nach West über die teils kleinen Örtchen St. Odile, Balmont, Vaudigny, Domrémy, Vaudeville, Joinville, Wald von Fontainebleu, Domblain, Louze, La Belle Etoile, Pierrefite, Chartres, La Loupe, Alencon, Le Horn, Landerneau, St. Renan und Lampaul auf dem atlantischen Inselchen Quessant. Dabei geht es nicht um die Ortszentren, sondern vielmehr um die megalithischen Überreste, die in- oder außerhalb *aller* hier aufgelisteten Orte entdeckt wurden. In der Bretagne durchschneidet die Linie zwei megalithische Steinsetzungen.

Landvermesser am Werk

Das ist alles ein bißchen viel, und dabei doch so wenig, denn die geheimnisvollen Linien beschränken sich keineswegs auf Europa. In vorgeschichtlicher Zeit galt das griechische Delphi als das »Zentrum« oder »der Nabel der Welt«. Tatsächlich laufen viele Linien aus allen Ländern auf Delphi zu.

Was für den europäischen und vorderasiatischen Raum Delphi war für Südamerika Cuzco. Diese alte, auf 3500 Metern gelegene Hauptstadt des Inka-Reiches war längst vor den Inka besiedelt. Schon vor dem legendären Begründer der Inka-Dynastie, dem Urvater Manco Capac, existierte um Cuzco die megalithische Stadt einer unbekannten Kultur. Als der Inka-Herrscher Pachacutec (1438–1471) Cuzco neu aufbaute, ließ er Tempel und Paläste auf den mächtigen Megalithen einer uralten Stadt erstellen, die vom Schöpfergott Viracocha erbaut worden sei und ursprünglich Acamama geheißen haben soll.

Dieses Acamama war das »Zentrum der Welt«, dort liefen, wie in Delphi, alle Fäden zusammen – und alle Linien aus sämtlichen Himmelsrichtungen. Die Hochlandindianer nennen die Linien seit alten Zeiten »Ceque«. Ein Ketschua-Wörterbuch aus dem 17. Jahrhundert definiert das Wort als »linea término« [118], was sich als »Begrenzungslinie« oder auch als »Ziellinie«, »Endlinie« deuten läßt. »Ziellinie« wohin? »Endlinie« woher? Schon 1653 berichtete der spanische Pater und Chronist Bernabé Cobo über »heilige Linien«, die im Zentrum des Sonnentempels von Cuzco beginnen und von den Indios »Ceques« genannt würden [119].

Es sind wirklich kuriose Linien und nicht etwa zu verwechseln mit den pistenähnlichen Gebilden auf der Ebene von Nazca. Die »Ceques« sind schmal wie ein Trampelpfad. Sie verlaufen von Cuzco aus strahlenförmig über Berg und Tal, geradeso, als ob jemand aus der Luft eine Spur gezogen hätte. Einst verbanden diese Linien »vierhundert heilige Punkte« [120] in Cuzco und der weiteren Umgebung. Sie ziehen über die westlichen Kordilleren oder über den Vulkanberg Sajama, als ob es für die Linienzieher keine topographischen Hindernisse gegeben hätte.

Tony Morrison, ein Archäologe, der diesen »Ceques« im Sinne des Wortes »nachgegangen« ist, marschierte auf einer Linie runde 30 Kilometer, stets vorbei an alten Idolen, Tempelplätzen oder christlichen Schreinen. Es war in Peru nicht anders als in Europa. Dort, wo heidnische Götter gestürzt wurden, entstanden christliche Kreuze, Kapellen und Kirchen. Das Liniennetz zieht sich hinauf nach Bolivien, läuft über den Titicaca-See nach Tiahuanaco und ist selbst in tiefer gelegenen Urwaldgebieten nachgewiesen worden [121,122].

Die Fragen sind vertraut. Wer? Warum? Wie? Zu welchem Zweck? Weshalb auf verschiedenen Kontinenten? Wann? Zumindest das letzte Fragezeichen ist überflüssig: Die Linien lagen *vor* den Inka fest. Diese übernahmen und bauten streckenweise nur aus, was längst existierte. Cuzco war ein »Nabel der Welt«, eines der Zentren der Götter, vermutlich ein Basislager der ETs. Es waren Außerirdische, welche die Erde vermaßen und in Grenzlinien unterteilten. In heiligen und weniger heiligen Büchern wird dies ganz ausdrücklich bestätigt. Der aus dem Wasser aufsteigende Lehrmeister Oannes »vermaß das Land«, dito jener geheimnisvolle Yma aus dem heiligen Buch der Parsen wie so mancher andere Pseudogott, der auf dem Erdenrund seinen Dienst versah. Sogar der Herrgott des *»Alten Testaments«* erklärte dem geduldigen Propheten Hiob [49]:

»Wo warst du, als ich die Erde gründete?... Wer hat ihre Maße bestimmt?... Wer die Meßschnur über sie ausgespannt?« (*»Hiob«*, Kap. 38,4–5)

»Gedanken springen wie Flöhe von einem zum andern. Aber sie beißen nicht jeden« (George B. Shaw).

Die Erklärung für Pentagramme, Grenzlinien und zentral gelegene Orte läßt eine Lücke offen: Feng-Schui. Schließlich liegen die gesunden und ungesunden Punkte im Netzwerk der »Adern des Drachen« nicht auf geraden Strecken. Und auch ›Engel Erde‹ hat seine Fühler und Antennen kaum in einem gleichmäßigen Rastersystem erstarren lassen. Was ist mit ›Engel Erde‹? Gibt es ihn?

7. KAPITEL

»DER LIEBE GOTT WÜRFELT NICHT« *(Albert Einstein)*

Der Naturwissenschaftler Jim E. Lovelock ist ein geachteter und vielbeschäftigter Mann. Für die amerikanische Weltraumbehörde NASA suchte er nach Leben auf dem Mars, und der Ölmulti Shell beauftragte den Biologen, die globalen Konsequenzen der Luftverschmutzung zu untersuchen. Beides hängt zusammen, denn mikroskopische Lebensformen – Bakterien – auf dem Mars würden die Biosphäre des roten Planeten beeinflussen. Genauso, wie die irdische Luftverschmutzung, die zum Teil von fossilen Brennstoffen gemästet wird, unsere Biosphäre nicht unberührt läßt.

Über viele Jahre sammelte Jim E. Lovelock mit einem Team des California Institute of Technology Meßdaten aus irdischen und überirdischen Regionen – von der Erde und von Satelliten. Eins und eins gibt schließlich zwei, und eine bestimmte Anhäufung von chemischen Faktoren mußte immer zu einer Reaktion anderer chemischer Faktoren führen. Die Erde und die gesamte Biosphäre – die Lebenszone –

mußten meßbar und berechenbar sein. So verlangten es die Computermodelle.

Es gehört zu den Binsenwahrheiten, daß sich Computerkurven sowohl für die Vergangenheit, die Gegenwart als auch für die Zukunft hochrechnen lassen. Chemische Reaktionen bleiben chemische Reaktionen, egal, in welchem Zeitalter man sie ansetzt. So würden die Computerkurven mathematisch sauber anzeigen, wann der Kollaps in der Biosphäre unvermeidlich ist, wann das Meerwasser im Salz erstarrt oder wann das Ozonloch den irdischen Lebensformen den Garaus macht. Gedacht und errechnet waren sämtliche Modelle mit exakter, wissenschaftlicher Perfektion. Alle signifikanten Komponenten waren berücksichtigt, die Meßdaten penibel genau ausgewertet. Und trotzdem – irgend etwas stimmte nicht, sowohl auf der Erde als auch in unserem Sonnensystem.

Da ist beispielsweise die Leuchtkraft unseres Zentralgestirns. Je mehr Wasserstoff die Sonne verbrennt, um so mehr verändert sich ihre innere Struktur. Dies wiederum beeinflußt ihre Leuchtkraft. In den vergangenen anderthalb Milliarden Jahren nahm die Intensität der Sonne um errechnete 30% zu, zwischendurch mag es Schwankungen gegeben haben. Kurioserweise blieb die Temperatur auf der Erdoberfläche aber stets lebensfreundlich. Jim E. Lovelock: »Trotz drastischer Veränderungen in der Zusammensetzung der frühen Atmosphäre und Schwankungen der Energieabstrahlungen der Sonne war es für das Leben niemals zu heiß oder zu kalt, um auf unserem Planeten zu überleben« [123].

Nach der erstmaligen Abkühlung des Planeten gab es immer flüssiges Wasser, die Ozeane sind zu keiner Zeit total zugefroren oder gar verdampft. Welcher rätselhafte Thermostat regulierte die Durchschnittstemperatur?

Bekannt ist, daß Kohlendioxid Wärme speichert und so den Treibhauseffekt unterstützt. So geschah es mehrmals im Laufe der Erdgeschichte. Als sich die Lebensformen auf der Erde vermehrten, nahm das Kohlendioxid in der Atmosphäre ab, und Sauerstoff wurde freigesetzt. Rückblickend erscheint dieser Prozeß wie ein Wunder, denn die Uratmosphäre aus Grubengas wäre für sauerstoffatmende Lebewesen pures Gift gewesen. Je heißer die Sonne schien, um so mehr Leben entwickelte sich, die Kohlendioxid-Schicht wurde sozusagen vom Leben aufgefangen. Zudem sorgte der anwachsende Sauerstoff für eine Ozonschicht, die ihrerseits gefährliche, ultraviolette Strahlen absorbierte. Solange keine Ozonschicht die Erde umhüllte, war das Leben auf die Ozeane beschränkt. Jetzt konnte es auch auf dem Festland gedeihen. Welche seltsamen Zusammenhänge steuern die verblüffende Kette innerhalb der Biosphäre? Dazu der Naturwissenschaftler Paul Davies [124]:

»Die Tatsache, daß das Leben gerade so handelte, daß die Bedingungen, die es für seinen Fortbestand und seine Weiterentwicklung brauchte, erhalten blieben, ist ein schönes Beispiel für Selbstregulation. Sie hat einen angenehmen teleologischen Beigeschmack. Es ist, als hätte das Leben die Gefahr vorausgesehen und ihr vorgebeugt.«

Und wenn es nicht »das Leben« war, das so handelte? Wenn nicht »das Leben die Gefahr vorausgesehen« hat, sondern ›Engel Erde‹? Jim E. Lovelock bringt in seinem Buch »*Unsere Erde wird überleben*« einige höchst erstaunliche Beispiele für die geradezu atemberaubende Selbstregulation unseres Planeten.

So können alle Organismen nur überleben, wenn sich ihr Salzgehalt innerhalb bestimmter Grenzen bewegt. Nun weiß jeder Gymnasiast, daß das Meer deshalb salzig ist, weil die Flüsse seit Äonen salzhaltige Mineralien in die Ozeane schwemmen. Eigentlich müßten die Meere längst zu Salzkrusten erstarrt sein, denn die Sonne zieht das Wasser aus dem Meer und läßt es erneut durch salzhaltige Mineralien füllen. Der Kreislauf ist in jedem Kinderlaboratorium nachvollziehbar: Wasser schwemmt Salz in ein Becken, Hitze läßt das Wasser verdampfen, neues Salzwasser wird zugeführt. Es läßt sich präzise errechnen, wann das Becken voller Salz sein wird. Weshalb denn sind unsere Meere nicht salziger? Warum wird der kritische Salzgehalt, an dem alle Meerestiere eingehen würden, nie erreicht? Wer oder was reguliert das ›Laboratorium Erde‹?

Jim E. Lovelock formulierte eine Hypothese, die er nach der griechischen Erdgöttin Gaia benannte. Damit meint er einen Überorganismus, der bewußt auf die Umwelt einwirkt, um lebensgünstige Bedingungen zu erhalten. Lovelock betrachtet die Erde als ein ganzheitliches, sich selbst regulierendes System, in welches auch die Biosphäre, die geologischen Vorgänge, die Atmosphäre, das Klima und sämtliche Lebensformen miteingeschlossen sind. Lovelock nennt drei Hauptcharakteristika für Gaia [123]:

»1. Die wichtigste Eigenschaft Gaias stellt ihr Bestreben dar, die Bedingungen für das irdische Leben zu optimieren...

2. Gaia besitzt einerseits lebenswichtige Organe in ihrem Kern, andererseits entbehrliche... an der Peripherie...

3. Gaias Reaktionen auf Veränderungen zum Schlechten hin müssen den Gesetzen der Kybernetik gehorchen...«

Die ganze Erde als Lebewesen und wir so etwas wie die behüteten Kinder? Eine verlockende, wissenschaftlich gewagte Hypothese, die uns keineswegs aus der Verantwortlichkeit entläßt. Es ist ›Engel Erde‹ nicht egal, ob wir seine Oberfläche verdrecken, es ist ihm nicht egal, ob wir die Biosphäre zerstören – aber er reagiert darauf. Die Erde scheint über so etwas wie einen Regelmechanismus zu verfügen, der langfristig ungeheuerliche Prozesse lenkt. Hinter ›Lenkung‹ und ›Steuerung‹ muß Intelligenz vermutet werden, und diese wiederum entsteht nicht aus sich selbst. Erst recht nicht, wenn diese ›Steuerung‹ gar *zukünftige* Ereignisse mitberücksichtigt.

Woher soll ›Engel Erde‹ wissen, daß die Ozeane nach Jahrmillionen hoffnungslos verkrustet sein werden, und wie ahnt er, welche Gegenmaßnahmen notwendig sind, um den Prozeß unter Kontrolle zu halten? Hart gefragt: Mit *wem* tauscht ›Engel Erde‹ Informationen aus? Stimmen unsere bisherigen Vorstellungen über den Kosmos nicht? Ist Gott das Universum und wir ein mikroskopischer Bestandteil davon?

Bis vor wenigen Jahren gab es in der Welt der Astrophysiker keinen Zweifel an der »Urknall-Theorie«. Der belgische Physiker und Mathematiker Georges Lemaître hatte sie in die Wissenschaft eingeführt. Sie postuliert, daß alle Materie vor Jahrmilliarden in einem Uratom verdichtet war, eine extrem schwere Materiemasse im Universum, die sich stetig zusammenpreßte. Die Kräfte multiplizierten sich bis zur Explosion des Materieklumpens. Big Bang! Über eine endlose Zeit von geschätzten 15 Milliarden Jahren verteilte sich

Folgende Doppelseite: ›Engel Erde‹.

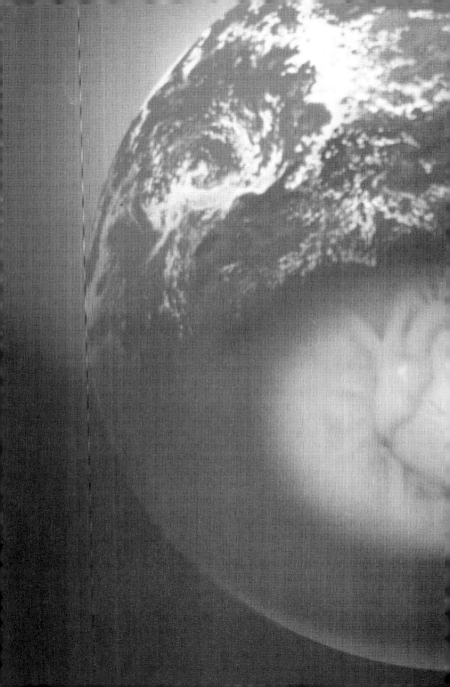

der kosmische Staub aus der Urexplosion im Universum und fand sich zu neuen Materieklumpen – zu Sonnen und schließlich Planeten.

Bis zu Beginn der achtziger Jahre hatte sich die Wissenschaft auf die Big-Bang-Theorie geeinigt. Sie war logisch und wurde durch verschiedene Messungen (Rotverschiebung) und Untersuchungen gestützt. Doch plötzlich, Anfang der neunziger Jahre, geriet das kosmologische Urknall-Modell ins Wanken. Die amerikanischen Astronomen Margaret J. Geller und John P. Huchra hatten versucht, einen schmalen Ausschnitt des nördlichen Sternenhimmels exakt zu vermessen und auf einer dreidimensionalen Karte darzustellen. Sie wollten damit beweisen, daß die Materie im Weltall mehr oder weniger gleichmäßig verteilt sei – wie es die Urknall-Theorie postuliert. Das Gegenteil kam heraus. Anstelle von gleichmäßiger Verteilung gab es riesige Ansammlungen von kosmischer Materie. Eine dieser weiträumigen Materieansammlungen erhielt den Namen »große Mauer«.

Andere Astronomen entdeckten Quasare (quasi stellare Objekte), die sich mit extrem großer Geschwindigkeit bewegten. Aufgrund exakter Messungen mußte das Alter eines dieser Quasare mit 14 Milliarden Jahren veranschlagt werden – völlig unmöglich im Rahmen der Urknall-Theorie.

Der amerikanische Astronom Alan Dressler maß die Geschwindigkeit, mit der sich unsere gesamte Milchstraße durchs Universum bewegt, mit 6000 Kilometern pro Sekunde. Wieder ein unhaltbares Resultat, bezogen auf die Big-Bang-Theorie.

Sehr verwirrt hat die Astronomen und Astrophysiker auch die Erkenntnis eines absurden Mißverhältnisses zwischen der kosmischen Masse einerseits und der Gravitation andererseits. In verschiedenen Galaxien existieren nur zehn Prozent der Materiemengen, die eigentlich notwendig wären, um die vorhandenen Schwerkraftwirkungen zu erhalten.

Die Ungereimtheiten häufen sich, ein gutgemeintes, kosmologisches Bild gerät ins Wanken. Der sowjetische Gelehrte Andrej Linde, Astrophysiker am Europäischen Kernforschungszentrum (CERN) in Genf, füllte die entstandene Lücke durch ein neues Modell: der Theorie des Blasenkosmos. »Da war eine Blase, die neue Blasen produzierte, die wiederum neue Blasen produzierten«, sagt Andrej Linde [125]. Das ganze Universum besteht aus kleinen Blasenuniversen. Wir leben in *unserem* Blasenuniversum, und ringsum gibt es andere Blasenuniversen, von denen wir keine Ahnung haben. Man kann sich ein Schaumbad voller Blasen vorstellen – jede Blase ein eigenes Universum –, die Blasen zerplatzen, und neue Blasen werden gebildet. Linde: »Der Prozeß ist nicht zu Ende, er setzt sich fort und fort. In Wirklichkeit ist das Universum sehr chaotisch, aber nicht da, wo die Leute hinschauen.«

Und die Erde? Selbst eine Mikroblase, eingebettet in eine größere Blase. Die Molekülketten in einem Lebewesen sind wie Blasen durch Wechselwirkungen untereinander verbunden. ›Engel Erde‹ hat ein ›Antennennetz‹ um sich gelegt, über das er Informationen erhält und weitergibt. Die Intelligenz dahinter ist universell – nur der Mensch ist hausgemacht. ›Engel Erde‹ – oder in der Hypothese von Jim E. Lovelock Gaia – kann die Ereignisse in und auf seiner Blase steuern. Er kann die notwendigen biochemischen Prozesse einleiten, verlangsamen, beschleunigen oder beenden. Er kann auch Hilfe von außen rufen, wenn die kosmische Evolution auf seiner Blase hinterherhinkt.

Ein Chaos vermag ich dahinter nicht zu erkennen. Weder auf der Erde noch im Universum. Von Albert Einstein stammt der Satz: »Der liebe Gott würfelt nicht.« Die Materie im Kosmos mag derart chaotisch verteilt sein wie die Blasen im Schaumbad, die entstehen und vergehen. Wahrscheinlich aber erblicken wir das Chaos nur deshalb, weil unserer lächerlichen Winzigkeit die Gesamtübersicht fehlt. Denn eines ist gewiß: Wieviel Materie immer vergeht und sich in Energie umwandelt, die Gesamtheit der Intelligenz und die Gesamtheit der Erfahrung nehmen stetig zu.

Nobelpreisträger Max Planck (1858–1947) sagte in einem Vortrag, den er 1929 im Harnack-Haus in Berlin hielt:

»Es gibt keine Materie an sich. Alle Materie entsteht und besteht nur durch eine Kraft, welche die Atomteilchen in Schwingung bringt und sie zum winzigsten Sonnensystem des Atoms zusammenhält. Da es aber im gesamten Weltall weder eine intelligente noch eine ewige Kraft gibt, so müssen wir hinter dieser Kraft einen bewußten, intelligenten Geist annehmen. Dieser Geist ist der Urgrund aller Materie. Da es aber Geist an sich allein auch nicht geben kann, sondern jeder Geist einem Wesen zugehört, müssen wir zwingend Geistwesen annehmen. Da aber auch Geistwesen nicht aus sich selbst sein können, sondern geschaffen werden müssen, so scheue ich mich nicht, diesen geheimnisvollen Schöpfer ebenso zu benennen, wie ihn alle Kulturvölker der Erde genannt haben: Gott.«

LITERATURVERZEICHNIS

[1] O'Kelly, M.: Newgrange, London 1983.
[2] Ray, I. P.: The Winter Solstice Phenomenon at New-Grange, Ireland: Accident or Design?. Aus: Nature, Jan. 1989, Bd. 337.
[3] Perpere, Jean-Claude: Redende Steine, München 1981.
[4] Thom, A.: Megalitic Sites in Britain, Oxford 1967.
[5] Däniken, Erich von: Beweise, Düsseldorf, 1977.
[6] Probst, Ernst: Deutschland in der Urzeit, München 1986.
[7] Hoyle, Fred: Das intelligente Universum, Frankfurt/M. 1985.
[8] Hoyle, Fred, und Wickramasinghe, N.C.: Evolution aus dem All, Frankfurt/M. 1981.
[9] Wilder-Smith, A. Ernst: Grundlage zu einer neuen Biologie, Neuhausen-Stuttgart 1974.
[10] ders.: Herkunft und Zukunft des Menschen, Neuhausen-Stuttgart 1972.

[11] ders.: Die Naturwissenschaften kennen keine Evolution, Basel 1978.
[12] Crick, Francis: Das Leben selbst, München 1983.
[13] Vollmert, Bruno: Das Molekül und das Leben, Reinbek 1985.
[14] Tobisch, Oswald O.: Kult – Symbol – Schrift, Baden-Baden 1963.
[15] Pager, Harald: Ndedema, Graz 1971.
[16] Weber, Gertrud, und Strecker, Matthias: Petroglyphen der Finca Las Palmas, Graz 1980.
[17] Muvaffak, Uyanik: Petroglyphs of South-Eastern Anatolia, Graz 1974.
[18] Nowak, Herbert, und Ortner, S. und D.: Felsbilder der Spanischen Sahara, Graz 1975.
[19] Weaver, Donald E.: Images on Stone, The Prehistoric Rock Art on the Colorado Plateau, Flagstaff 1986.
[20] Ohne Namen: Zwischen Gandhara und den Seidenstraßen, Felsbilder am Karakorum Highway, Mainz 1985.
[21] Cox Halley, J.: Hawaiian Petroglyphs, Honolulu 1970.
[22] Biedermann, Hans: Bildsymbole der Vorzeit, Graz 1977.
[23] Priuli, Ausilio: Felszeichnungen in den Alpen, Zürich 1984.
[24] Glyn, Daniel, und Rehork, Joachim: Lübbes Enzyklopädie der Archäologie, Bergisch Gladbach 1980.
[25] Sherratt, Andrew: Die Cambridge Enzyklopädie der Archäologie, München 1980.
[26] Grün, Rainer: ESR Dating for the Early Earth. Aus: Nature, Bd. 338, 13. April 1989.

[27] Riederer, Josef: Archäologie und Chemie, Einblicke in die Vergangenheit, Berlin 1988.

[28] Tillner, E. O.: Megalithbauten in Südindien. Aus: Antike Welt, Heft 2, Feldmeilen 1986.

[29] Däniken, Erich von: Habe ich mich geirrt? München 1985.

[30] Ramayana: The War in Ceylon, o. A.

[31] Wahrmund, Adolf: Diodor von Sicilien, Geschichts-Bibliothek, 1. Buch, Stuttgart 1866.

[32] Heyderdahl, Thor: Wege übers Meer, München 1975.

[33] Hassler, Gerd von: Noas Weg zum Amazonas, Hamburg 1976.

[34] Topper, Uwe: Das Erbe der Giganten, Olten 1977.

[35] Le Scouëzec, Gwenc'hlan: Bretagne Mégalithique, Paris 1987.

[36] Kremer, Bruno P.: Geometrie in Stein, Aus: Antike Welt, 18. Jahrg., Heft 1, 1987.

[37] Roberts, David: Tantalizing to Scholars and Tourists, Carnac's Megaliths Remain an Enigma. Aus: Smithsonian, Vol. 20, Nr. 6, 1989.

[38] Der Große Brockhaus, Bd. 9, Wiesbaden 1956.

[39] Simon, Klaus: Geometrie vorgeschichtlicher Steinsetzungen. Aus: Naturwissenschaftliche Rundschau, 40. Jahrg., Heft 10, 1987.

[40] Kremer, Bruno P.: Maß und Zahl in den Megalithdenkmälern der Bretagne. Aus: Naturwissenschaftliche Rundschau, 37. Jahrg., Heft 12, 1984.

[41] Thom, A., und Thom, A. S.: Megalithic Remains in Britain and Brittany, Oxford 1978.

[42] Joussaume, Roger: Dolmens for the Dead, London 1988.
[43] Kreuzer, Gottfried und Christine: Die Felsbilder Südandalusiens, Stuttgart 1987.
[44] Leisner, Georg und Vera: Die Megalithgräber der Iberischen Halbinsel, Berlin 1943.
[45] Weidenreich, F.: Apes, Giants and Man, Chicago 1946.
[46] Saurat, Denis: Atlantis und die Herrschaft der Riesen, Stuttgart 1945.
[47] Kautzsch, Emil: Die Apokryphen und Pseudo-Epigraphen des Alten Testaments, Bd. 2, 1962.
[48] ders.: Bd. 1.
[49] Die Heilige Schrift des Alten und des Neuen Testaments, Zürich 1961.
[50] Freuchen, P.: Book of the Eskimos, Greenwich/Conn. 1961.
[51] Däniken, Erich von: Wir alle sind Kinder der Götter, München 1987.
[52] McCulloch, Kenneth C.: Immanuel Velikovsky and the Scientific Method. Aus: Ancient Skies, Bd. 13, Nr. 1, 1986.
[53] Haltenorth, Theodor: Was nicht sein darf, das kann nicht sein. Aus: Hobby, Nr. 14, 26. 6. 1978.
[54] Planck, Max: Wissenschaftliche Selbstbiographie. In: Physikalische Abhandlungen und Vorträge, Bd. 2, Braunschweig 1958.
[55] Popper, Karl: Intellektuelle sind anmaßend und bestechlich. In: Die Welt, Nr. 46, 23. 2. 1990.
[56] Cerf, Christopher, und Navasky, Victor: The Experts Speak, New York 1984.

[57] Schindler, Bellamy Hans: Tiahuanacology and the Gate of the Sun. Aus: Ancient Skies, Bd. 8, Nr. 4, 1981.

[58] Niel, Fernand: Auf den Spuren den großen Steine, München 1977.

[59] Stöpel, Theodor K.: Südamerikanische prähistorische Tempel und Gottheiten, Frankfurt 1912.

[60] Preuss, Theodor K.: Monumentale vorgeschichtliche Kunst, Göttingen 1929.

[61] Däniken, Erich von: Reise nach Kiribati, Düsseldorf 1981.

[62] Geoffrey, B.: Faustkeil und Bronzeschwert, Hamburg 1957.

[63] Atkinson, R. J. C.: Was ist Stonehenge? Hrsg. Departement of the Environment, 1980.

[64] Hawkins, Gerald S.: Stonehenge Decoded, New York 1965.

[65] Atkinson, R. J. C.: Moonshine on Stonehenge. Aus: Antiquity, Bd. 40, 1966.

[66] ders.: Megalithic Astronomy. In: The Journal of Navigation, Bd. 30, Nr. 1, 1977.

[67] Sofaer, Zinser, Sinclair: A Unique Solar Marking Construct. In: Science, Bd. 206, 19. 10. 1979.

[68] Kidder, Edward J.: Alt-Japan, Köln 1959.

[69] Aveni, A. F., und Urton, G.: Ethnoastronomy and Archeoastronomy in the American Tropics, New York 1982.

[70] Heggie, D.C.: Archeoastronomy in the World, Cambridge 1982.

[71] Aveni, A.F.: Archeoastronomy in the New World, Cambridge 1982.

[72] Wood, John Edwin: Sun, Moon and Standing Stones, Oxford 1978.

[73] Strempel, Fritz: Das steinerne Rätsel von Stonehenge. In: PM-Magazin, Nr. 2, 1980.

[74] Eliot, Alexander u.a.: Mythen der Welt, Zürich 1978.

[75] Avinsky, Vladimir: New Arguments in Favor of the Reality of Space Paleocontacts. Vortrag auf der 16. World Conference of the Ancient Astronaut Society, Chicago, 26. 8. 1989.

[76] Popper, Karl: Logik der Sozialwissenschaften. In: Kölner Zeitschrift für Soziologie und Sozialpsychologie, 14.Jahrg., 1962.

[77] Norlund, Poul: Trælleborg, The National Museum, Kopenhagen 1968.

[78] ders.: Trælleborg, Nordiske Fortidsminder, Kopenhagen 1948.

[79] Hansson, Preben: Und sie waren doch da, München 1990.

[80] Helm, Reinhardt, und Riemer, Thomas: Von heiligen Linien und heiligen Orten, Halver und Dortmund 1987.

[81] Manias, Theophanis N.: The Invisible Harmony of the Ancient Greek World and the Apocryphal Geometry of the Greeks, Athen 1969.

[82] Rogowski, Fritz: Tennen und Steinkreise in Griechenland. In: Mitteilungen der Technischen Universität Carolo-Wilhemina, 8. Jahrg., Heft 2, 1973.

[83] Kebra Nagast: Die Heiligkeit der Könige; Abhandlungen der Philosophisch-Philologischen Klasse der Königlich Bayerischen Akademie der Wissenschaften, Bd. 23, 1. Abteilung, München 1905.

[84] Al-Mas'ûdi: Bis zu den Grenzen der Erde, Tübingen/Basel 1978.
[85] Bacon, Roger: De secretis operibus artis et naturae et nullitate megiae. In: Kap. 4 de instrumentis artificiosis mirabilibus, o. A..
[86] Numazawa, Kiichi, Franz: Die Weltanfänge in der japanischen Mythologie, Freiburg/Br. 1946.
[87] Mit Jackie kam die Wende. In: Der Spiegel, Nr. 42, 1989.
[88] Himmlischer Hauch. In: Der Spiegel, Nr. 38, 1987.
[89] Eingangspforte für den Drachen. In: Der Spiegel, Nr. 22, 1986.
[90] Couling, Samuel: The Encyclopedia Sinica, Oxford, Milford 1917.
[91] Skinner, Stephen: Chinesische Geomantie, München 1987.
[92] Eitel, Ernest J.: The Rudiments of Natural Science in China, Hongkong 1873.
[93] Aram, Kurt: Magie und Zauberei in der alten Welt, Berlin 1927.
[94] Pennick, Nigel: Die alte Wissenschaft der Geomantie, München 1982.
[95] ders.: Einst war uns die Erde heilig, Waldeck 1987.
[96] Watkins, Alfred: The Old Straight Track, London 1970.
[97] Devereux, Paul, und Forrest, Robert: Straight Lines on an Ancient Landscape. In: New Scientist, 23./30. Dezember 1982.
[98] Michell, John: Die Geomantie von Atlantis, München 1984.

[99] Pennick, Nigel: Das kleine Handbuch der angewandten Geomantie, Hohenlohe 1985.

[100] Stuhl, K.: Urgermanische Namensgebung im Osning – Teutoburger Wald. In: Der Teutoburger Wald, 5. Jahrg. Nr. 1, 1929.

[101] Teudt, Wilhelm: Germanische Heiligtümer, Jena 1929.

[102] Röhrig, Herbert: Heilige Linien durch Ostfriesland, Aurich 1930.

[103] Heinsch: Grundsätze vorzeitlicher Kultgeographie, Moers 1947.

[104] Fester, Richard: Protokolle der Steinzeit, München 1974.

[105] ders.: Die Steinzeit liegt vor deiner Tür, München 1981.

[106] Möller, Jens M.: Karlsruhe – Stadt der Pyramide. In: Para, Zeitschriften für Psychologie und verwandte Gebiete, 12. Jahrg., Nr. 2, 3, 4/1985.

[107] Kill, G.H.: Karlsruhes unsichtbare Geometrie. In: Zeitschrift für Kosmosophie, Nr. 1, 1984.

[108] Helm, Reinhardt: Das religiöse Zentrum Pfaffenwinkel, Halver und Dortmund 1988.

[109] Möller, Jens M.: Atlantis und die Geomantie von Karlsruhe. In: Zeitschrift für Kosmosophie, Nr. 3., 1987.

[110] Möller, Jens M.: Überziehen auch den Enzkreis kultische Vermessungslinien? In: Pforzheimer Zeitung, Nr. 216, 19. 9. 1987.

[111] Mehrere Autoren: Bildlexikon der Symbole, München 1980.

[112] Allesch, Richard: Herzogstuhl: Kultstein der Druiden? In: Sonntags Journal, Klagenfurt, 6. 3. 1977.
[113] Cathie, Bruce: Harmonic 33, London 1980.
[114] ders.: Harmonic 695, London 1981.
[115] Planck, Max: Wissenschaftliche Selbstbiographie, Leipzig 1955.
[116] Görtz, Rolf: Der heilige Jakobus ruft die christliche Jugend der Welt. Aus: Die Welt, Nr. 191, 18. 8. 1989.
[117] Charpentier, Louis: Santiago de Compostela, Olten 1979.
[118] Morrison, Tony: Pathways to the Gods, Salisbury/Wiltshire 1978.
[119] Cobo, Bernabé: Historia del nuevo mundo, 2 Bde., Madrid 1953 und 1956.
[120] Zuidema, Reiner Tom: The Ceque System of Cuzco, Haarlem 1962.
[121] Denevan, William M.: The Aboriginal Cultural Geography of the Llanos de Mojos of Bolivia, Los Angeles 1966.
[122] ders.: The Siderial Lunar Calendar of the Incas. In: Archeoastronomy in the New World, Cambridge 1982.
[123] Lovelock, Jim E.: Unsere Erde wird überleben, München 1982.
[124] Davies, Paul: Prinzip Chaos. Die neue Ordnung des Kosmos, München 1988.
[125] Haffner, Peter: Die Schöpfung – ein Chaos? Aus: Tages-Anzeiger, Magazin Nr. 20, 18./19. 5. 1990.

BILDQUELLENVERZEICHNIS

Rudolf Eckhardt, Berlin: Seite 16/17, 20, 21, 24, 180/181, 185.
Ralf Lange, Zuchwil: Seite 32.
Eduardo Chaves, Rio de Janeiro: Seite 42 oben.
Wolfgang Weitzel, Sissach: Seite 26.
E. O. Tillner, Stein: Seite 80/81.
Elisabeth von Däniken, Feldbrunnen: Seite 84.
Willi Dünnenberger, Zürich: Seite 88, 89, 97, 100, 101, 103, 106, 126, 128, 157, 160.
Iris Rüttimann, Zürich: Seite 104, 105.
Andreas Schneider, Frankfurt: Seite 120 unten, 125.
Bodil Hansson, Korsør: Seite 203.
Preben Hansson, Korsør: Seite 201, 204, 208, 209, 212.
Raul de Mingo, Madrid: Seite 266/267.
Alle anderen Bilder: Erich von Däniken.

Bei allen Fotografen möchte ich mich herzlich für ihre ausgezeichneten Bilder bedanken.

REGISTER

Kursive Ziffern verweisen auf Abbildungen

Aborigines 60f., 65
Abydos 97, 99
Acamama 258f.
Agni 88
Ägypten 15, 32f., 95, 97, 99, 140
Al-Mas'Udi 219
Alexander d. Gr. 96
Alignement 138, 142, 147, 150
Allasch, Richard 251
Alpha-Strahlung 76f.
An Dagda Mor 27
Apoll 214ff.
Archäoastronomie 188
Artur, Ritter 190
Ashwin 87
Atlas 107
Atkinson, R. J. C., 182ff.
Aubrey, John 178
Aubrey-Löcher 178, 183

Babylon 15
Bacon, Roger 220
Behrend, Michael 239
Berossos, babylonischer Geschichtsschreiber 95, 231

Big bang siehe Urknall
Big Horn Mountains 187
binärer Code 131f.
Black, William Henry 237
Blausteine 179, 182f., 193
Brecht, Bertolt 197
Butler, Samuel 13

C-14-Datierung 115
Calcit-Sedimente 78
Cathie, Bruce 255
Ceque 259, siehe auch Visierlinien
Chaco Canyon 186
Charpentier, Louis 257
Chromlech *136f.,* 138, 142, 168
Chromosomen 57ff., 62
Cobo, Bernarbé 259
Creighton, Mandell 155
Crick, Francis 54
Cro-Magnon-Mensch 38, 72
Cuiver, Georges 37

281

Darwin, Charles 36f.
Darwinismus 55, 62
Davies, Paul 263
Desoxyribonukleinsäure siehe DNS
Devereux, Paul 240
Diodor von Sizilien 96f.
DNS 47, 49f.
Dolmen 70f., *73*, 83, 85, *100f., 103, 120f.,* 138, 142, 150, 153, 156, 159, 161ff., 168ff.
Dressler, Alan 268
Drudenfuß 249ff., siehe auch Visierlinien
Druiden 140, 179, 240
Dualsystem siehe binärer Code

Einstein, Albert 261, 270
Eitel, Ernest J. 225
Elektronenspinresonanz siehe ESR
ESR 76
Euklid, Mathematiker 213, 218
Evolutionstheorie 53, 55f., 59

Felsbildkunst, *42f., 48f., 51f., 57, 60f.,* 63ff., *64,* 66f.
Feng-Schui 222ff., 229, 237, 260, siehe auch Visierlinien
Fersenstein 177, 183
Fester, Richard 243, 247f.
Feuersteinwerkzeuge 38ff.
Foster, Norman 223
France, Anatole 150
Freud, Sigmund 67
Fuhlrott, Johann Carl 36f.
Fuk-Hi, chinesischer Kaiser 230

Gaia 264
Ganggrab 15ff., 127, 134, 153, 156, 158, 162, 166, 170, 172
Garuda 88
Geller, Margaret J. 268
Geoffrey von Monmouth, Mönch 191
Geomantie 244f.
Giot, Pierre-Roland 135
Goldener Schnitt 210ff., 216f.
Grether, Edwald 211
Grönland 78

Haltenorth, Theodor 165
Hamel, Joseph 39
Hansson, Preben 200ff., *203,* 214
Hanuman 85
Harald Blaastand, König von Dänemark 203
Haßler, Gerd v. 106
Hawkins, Gerald 183f.
Heelstone siehe Fersenstein
Hekataios 96
Herakles 97
Herkules 106
Herodot, griechischer Geschichtsschreiber 95
Heroen 97
Hesiod, griechischer Philosoph 96
Hesperiden 107
Heyerdahl, Thor 102
Hi 225
Homo erectus 56
Homo neandertalensis siehe Neandertaler
Homo sapiens sapiens 41, 43

Hopi-Indianer 45
Horus 88
Hoyle, Fred 53 ff., 62
Huchra, John P. 268
Hünengrab siehe Ganggrab
Hyperboreer 215

Isis 96

Jakob, Apostel 256
Jakob I., König von England 178
James, William 135
Jean Paul 235
Johannes Paul II., Papst 256
Jones, Inigo 178
Juan de la Cruz 256
Jung, Carl Gustav 67, 222

Kalendarium 131, 186, siehe auch Sonnenwende
Kanarenstrom 102
Kanjibal, Dileep Kumar 90
Karl d. Gr., deutscher Kaiser 257
Karl II., König von England 178
Karthago 102
Kästner, Erich 31
Katchina *45 f.*
Kaurawa 86
Helheim 38
Kimberley-Berge 60 f., 65
Klemens IV., Papst 220
Klimaveränderung 78
Kohl, Larson 161
Königswald, Gustav v. 161
Kreidezeit 40

Kremer, Bruno P. 135, 143, 146, 149 f.
Kreta 15

Ladon 107
Lamarck, Jean-Baptiste 50
Lamarckismus 50
Le Roux, Charles-Tanguy 121, 148
Le Scouëzex, Gwenc'lhan 124, 131
Leitz, Christian 95
Ley-lines siehe Visierlinien
Lhwyd, Edward 18
Li 225
Linde, Andrej 269
Linea término 259, siehe auch Visierlinien
Lingham 90
lo P‹an 229 f.
Lockyer, John Norman 179
Long-distance-lines siehe Visierlinien
Lovelock, Jim E. 261 ff., 269
Ludolphsche Zahl 127, 130
Ludwig I., König von Bayern 248

Manco Capac 288
Manias, Theophanis M. 217
Marduk 231
Maya 25, 130
Mayer, Carl 37
McCulloch, Kenneth C. 165
Medicin-Wheel 187 f.
Megalithbauten
– Aggersborg 205 ff.
– Bretagne 15, 31, 71, 74, 135, *140 f.,* 144, *145,* 148, 156,

168, 171, 184, 193, siehe auch Visierlinien
- Cadiz 108, 114 ff., 153
- Carnac 87, 118, 135, 138, 142 ff.
- Crucuno 170
- Cueva de Menga 108, 156 ff., *157, 160*
- Cueva de Romeral 159
- Cuzco *173 f.,* 175, siehe auch Visierlinien
- Cyrene 108
- Dänemark *73,* 74, siehe auch Visierlinien
- Er Grah 144
- Er Lannic *117,* 118 f., 153
- Eskeholm 202, 206, *208*
- Fyrkat 202 ff., *208*
- Gavrinis 118 f., *119 f.,* 121, *122,* 123, *124 ff.,* 127, *128 f.,* 130 f., 134, 145, 148, 153, 155 f.
- Gozo 110, 114
- Hirebenkal 79
- Indien 74
- Irland 33
- Kanarische Inseln 74
- Karanguli 83
- Kaschmir 74
- Kercado 138, 150
- Kerlascan 138
- Kerloas 138
- Kermario 138, 146, 149 f., 152
- Kerzehro 138
- Lixus *100 f.,* 102, *103 ff.,* 105 f., 108, 114 ff., 153
- Locmariaquer 138, 144, 143
- Malta *109,* 110 f., *112 f.,* 114 ff., 153
- Menorca 74
- Morbihan, Golf von 71, 118
- Mzora *88 f.,* 107
- Nara 172
- New Grange 15 ff., *16 f., 20 f., 23 f.,* 26 ff., *33 f.,* 71, 82, 85, 121, 123, 156, 171
- Peru 74
- Piedras de Leyva 170
- Pyrenäen *73*
- San Agustin *169,* 170 ff.
- Savanadurga 82
- Spanien 33, 74
- Sri Lanka 74
- St. Pierre 144
- Stonehenge 15, 31, 74, 77, 102, 175 ff., *180 f., 185,* 188 ff., 237 ff.
- Trelleborg 197 ff., *201, 204*
- Vangupattu *80 f.,* 85
- Viera 156
- Xochicalco 25 ff., *29, 31 f.,* 71, 85

megalithisches Yard siehe Yard

Menhir 82 f., 118, 135, *136 f.,* 138, *139 ff.,* 142, 144, *145,* 146 f., 149, 152 f., 156, 166, 168 ff., 184, 193, 237

Merkur 133

Merlin, Zauberer 190 f.

Meteorit 78

Michell, John 243

Ming Pei, Ieoh 222

Möller, Jens 249 ff.

Mondumlaufbahn 130

Morrison, Tony 259

Neandertaler 36 ff., 56, 71 f.
Niel, Fernand 170
Nörlund, Paul 199
Nymphen 107

Oannes 231
Obelisk *89*, 107
O'Brian, Tim 19
Odin 248
O'Kelly, Michael J. 18 f.
Olymp 96
Omphalos 214
Osiris 96, *97*, 99

Pachacutec, Inka-König 258
Pak-Ling, Ku 223
Pandava-Brüder 85 f.
Pennick, Nigel 243
Pentagramm siehe Drudenfuß
Petroglyphe siehe Felsbildkunst
Picasso, Pablo 69
Planck, Max 165, 255, 270
Platon, griechischer Philosoph 213, 218
Plinius Secundus, Cajus 45, 106
Polgar, Alfred 252
Popper, Karl 166, 194
Prescelly-Berge 77, 179 f.
Preuß, Konrad Theodor 171
Pyramide 15, 32, 140
Pythagoreische Lehrsätze 130, 142 f., 155, 254

Quarzkristall 76 f.

Radiokarbondatierung siehe C-14-Methode
Ray, Tom 19

Riederer, Josef 77
Riesen 160 ff., 168
Rijckholt 39
Rogowski, Fritz 217
Röhring, Herbert 243, 245

Saba, Königin von Äthiopien 218
Salomon, König von Jerusalem 218 f.
Sanchuniathon 96
Saurat, Denis 161
Schalenstein 107
Schindler, Bellamy 168
Shaw, George Bernanrd 260
Sintflut 161
Siu-Kwong, Sung 222
So 225
Sommersonnenwende siehe Sonnenwende
Sonnenwende 15, 18, 22, 26, 30, 127, 184, 186
Sothis 99
Steinkreis 15, 82 ff., *84*, 90 f., *117*, 118, 138, 153, 168 f., 172, 237
Steinrad 187 f.
Sternstraßen siehe Visierlinien
Stöpel, Karl Theodor 171
Strabon, römischer Geschichtsschreiber 95
Stuhl, R. 243
Surya 87
Svend Tveskaeg, König von Dänemark 203

Tanger 102
Tassili-Gebirge *51 f.*
Tereschin, O. 191 f.

285

Teudt, Wilhelm 243
Thermolumineszens-Datierung 75
Thom, Alexander 30, 144, 146, 155, 179, 184, 192
–, Alexander S. 144, 146, 155, 184
Tillner, E. O. 82f., 85
Tjurin-Avinsky, Vladimir 191f.
Tobisch, Oswald 64, 67
Topper, Uwe 108
Trojanischer Krieg 97
Twyfelfontein 57

Ufo 218, 255
Urknall 265, 268f.

Viracocha siehe Acamama
Virchow, Rudolf 37
Vishnu 88
Vishvakarman 88
Visierlinien
– Ägypten 218
– Äthiopien 218
– Bolivien 259
– Bretagne 144ff., *145*, 155
– China 222ff.
– Cuzco 258ff.
– Dänemark 206ff., *212*, 218
– Delphi 206f., 210, 214, 258
– Deutschland 243ff., 247ff.
– England 235ff.
– Frankreich 144ff., *145*, 155, 257f.
– Griechenland 206f., 210ff., 216f., 258
– Hongkong 222ff.
– Kärnten 251f.
– Libanon 218
– Oberrhein 247ff.
– Österreich 251f.
– Ostfriesland 243, 245ff.
– Peru 258ff.
– Rheinhessen 247
– Santiago de Compostela 256f.
– Schweiz 247f.
– Spanien 256f.
– Zypern 218
Vollmert, Bruno 54f.
Vulkanasche 78

Walhalla 248
Wandina *60f., 64*
Watkins, Alfred 235ff.
Weidenreich, Prof. 161
Weizsäcker, Carl Friedrich v. 242
Wikinger 197ff.
Wilde, Oscar 35
Wilder-Smith 54, 59
Williams, Tennessee 169
Wintersonnenwende siehe Sonnenwende
Wotan 218

Yana 86
Yard, megalithisches 30f., 155, 177
Ying 225
Yma 231

Zeus 62
Zwischenstufen 62

Liebe Leserin
Lieber Leser sind Sie an der Thematik, die mich beschäftigt, interessiert? Dann möchte ich Ihnen die ANCIENT ASTRONAUT SOCIETY vorstellen – abgekürzt AAS. Das ist eine gemeinnützige Gesellschaft nach amerikanischem Recht, die 1973 in den USA gegründet wurde. Die AAS strebt keinerlei Gewinn an.

Zweck dieser Gesellschaft ist das Sammeln, Austauschen und Publizieren von Indizien, die geeignet sind, folgende Ideen zu unterstützen:
- In vorgeschichtlichen Zeiten erhielt die Erde Besuch aus dem Weltall...
- Die gegenwärtige, technische Zivilisation auf unserem Planeten ist nicht die erste ... (oder)
- Beide Theorien kombiniert...

Die Mitgliedschaft in der AAS steht jedermann offen. Sie gibt im Zwei-Monats-Rhythmus ein Mitteilungsblatt in Deutsch und Englisch heraus. Die AAS organisiert Studienreisen an archäologisch interessante Fundplätze. Derartige Reisen leite ich meistens selbst. Periodisch finden internationale Kongresse und nationale Tagungen statt. Bislang wurden 14 Weltkongresse und 19 nationale Meetings durchgeführt.

Der Jahresbeitrag zur AAS beträgt SFR. 30.– oder DM 35,–. Im deutschsprachigen Raum sind wir rund 2000 Mitglieder.

Ich würde mich freuen, wenn Sie weitere Auskünfte über die AAS erbitten bei:
ANCIENT ASTRONAUT SOCIETY,
CH-4532 Feldbrunnen

Herzlich Ihr
ERICH von Däniken

GOLDMANN TASCHENBÜCHER
Fordern Sie das kostenlose Gesamtverzeichnis an!

Literatur · Unterhaltung · Bestseller · Lyrik
Frauen heute · Thriller · Biographien
Bücher zu Film und Fernsehen · Kriminalromane
Science-Fiction · Fantasy · Abenteuer · Spiele-Bücher
Lesespaß zum Jubelpreis · Schock · Cartoon · Heiteres
Klassiker mit Erläuterungen · Werkausgaben

****

Sachbücher zu Politik, Gesellschaft,
Zeitgeschichte und Geschichte; zu Wissenschaft,
Natur und Psychologie
Ein Siedler Buch bei Goldmann

****

Esoterik · Magisch reisen

****

Ratgeber zu Psychologie, Lebenshilfe,
Sexualität und Partnerschaft;
zu Ernährung und für die gesunde Küche
Rechtsratgeber für Beruf und Ausbildung

Goldmann Verlag · Neumarkter Str. 18 · 8000 München 80

Bitte senden Sie mir das neue Gesamtverzeichnis.

Name: _____

Straße: _____

PLZ/Ort: _____